魂が目覚める社会科授業

世界に応える子どもたち

目次

出会わせていただいたすべての生徒たちに心からの感謝を込めて

序章

「授業開き」と日本の持つ「使命」

1・学年始め・学年集会にて

最初の出会い

4月初めの生徒たちとの最初の出会いが持つ意味は大きいです。生徒たちは新しい先生はどんな人だろうと期待と不安を持って見守っています。その時に教師が、どんな気持ちで何を語るかはその一年間の方向性を決めます。

新しく異動して行った学校の担当となった、2学年の学年最初の集会で、こんなことを語りました。

T．みんなとは今年は日本地理の学習から入ります。

地理に限らず社会科というと、暗記の科目という印象があるかもしれませんね。でもそれはテストだけに関しての見方です。

皆との社会科の勉強では、ただの知識の獲得に終わってしまわない、「見えないものを見る力」「聴こえないものを聴く力」を身に付けてゆきたいと思います。

りんごの物語

例えば、東北地方の青森県で、日本で最も多く生産される果物って何だろう？

そうですね、りんごですね。

りんごは寒い地域で採れる果物だから、県別生産量で見ると青森県が第1位、第2位が長野県です。

はい、終わり。

ではもったいない。その背後にある、目には見えない膨大な物語をこそ見えるようになっていこうということなんです。

T. 東北地方は夏、北東から吹く「やませ」と呼ばれる冷たい風によって霧が発生して、今までも時として米を始めとする農産物が育たない「冷害」と呼ばれる自然災害が発生しています。
昭和初期に岩手県花巻市にいた宮沢賢治が書いたあの有名な詩、『雨ニモマケズ』の中に「寒さの夏はオロオロ歩き」という一節があるけど、それはまさにその冷害を表しているわけです。

だから江戸時代から度々食べ物がなくなる飢饉という状況になっていきます。特に江戸中期、1782年から87年にかけて起こった天明の大飢饉の時の、現在の青森県、当時の津軽藩（弘前藩）の被害は大きかった。

米はいつもの年の1／10しか収穫できず、人々は木の根っこから、壁土の中にすきこまれている藁まで取り出して煮て食べた。津軽藩の人口の3〜4割に当たる8万人が餓死します。人々は最後、人肉まで食べたそうです。（注1）

赤ちゃんが生まれても男の子は労働力となるから何とか育てられたけど、そうではない女の子の赤ちゃんは口減らしのため、殺されることが多かった。口と鼻をふさいで窒息させるんです。「間引き」といいます。

東北地方のお土産に多い「こけし」というのは、そういう女の子を偲んで作られたものですね。

そんな津軽地方に、明治になってアメリカから「りんご」が移植されます。

政府による殖産興業の一環だったのですが、寒くても育つ「りんご」を見て、津軽の人々はどれほど喜んだだろうか。

これで家から死者を出さないで済むと。

日本地理で青森県の「りんご」作りの勉強をしたら、人々のその喜びを感じられるようになってゆきましょう。

それが「目に見えないものを見る力」「聴こえないものを聴く力」だし、幕末の開国、太平洋戦争時の敗戦に次いで「第3の国難」と言われる問題が山積している今の日本にこそ必要な力だと思うからです。一緒に頑張ってゆきましょう。

2. 授業開き「世界がもし100人の村だったら」

【1校時目】

授業1時間目、生徒たちはまだ緊張の面持ちです。

私の自己紹介をし、「社会科好きか嫌いか、その理由」などの簡単なアンケートをしたあと、いきなりビデオを見せます。

それは話題となった「世界がもし100人の村だったら」のテレビ番組版。（注2）

最初に本の内容の概略を説明したあと、見せるのは「フィリピンのゴミ山で働く少女・マニカちゃん12歳」。

この数年間、初めて出会う生徒たちには学年を問わず、この番組を見せることにしています。

「世界がもし100人の村だったら」

フィリピンの首都マニラから出るゴミの集積場のそばのスラムの、今にも壊れそうな掘立小屋で暮らす少女マニカちゃんは、母親と弟2人との4人暮らし。

父親は数年前に殺され、母親も病気で寝ている。

弟たちはまだ幼いので、マニカちゃんが一人で朝早くから夕方遅くまでゴミ山の中から空き缶やビニールなど、売って金目になるものを探し続ける。子どもだから集められる量も少なく、売って得られる収入は3日間で日本円にして90円。

マニカちゃんたちはそのお金で米を買って3日に一度だけ食事をすることができる。

空腹を紛らわせるために水ばかり飲むマニカちゃんたち。弟と2人、ゴミ捨て場から大量の飴の包みを見つけ、開けてゆくが、一つとして中身は入っていなかった。

とうとうある日、お母さんはまだ3歳の下の弟を里子に出す決心をする……。


映像を見ながら、ポイントとなる語句や数字を穴埋めする簡単な視聴カードを記入してもらい、最後に感想を書かせます。

最初に生徒に書かせたアンケートを見ますと、社会科が嫌いな理由は年号や地名を覚えられず、テストで良い点が取れないからというのが多いです。

また、好きな理由の中には、年号・地名を覚えるのが得意でテストで良い点が取れるからというものもあります。

どちらにしても社会科は暗記教科だと思われています。

まずそれを払拭しましょう。

ビデオを視聴し終わって次の時間の冒頭、いくつかの生徒の感想を紹介した後、こう話をします。

見えないものを見ようとすること

T．このビデオを見てもらった理由は二つあります。

一つは、今ぼくらがいる場所、いる時間から離れて遙か遠くのことを思うこと。行ったこともない国や、会ったこともない人のことに思いを馳せること。そうすると心が広がって、自分とその国、その人たちとの間に、ぼくらがこれから進むべき道が見えてきます。

その「心が広がる」という体験をしてもらいたい。それはとても大切なことだと思うからです。

もう一つは、ビデオを見てぼくらはかわいそうだなとか何かしてあげられることはないだろうかと思うよね。

それと同時に、なぜこんな風になっちゃったんだろうと思う。その「なぜ」を大切にしてほしいんです。

今、一年間に世界では４５００万人の人が食料不足で亡くなるんだそうです。戦争で爆撃に巻き込まれたとか、そういうことではなくてね。

その４５００万人のうち、１／３の１５００万人が子どもです。１年間で１５００万人ということは1ヶ月で125万人、1日で4万人、1時間で1700人、1分で28人、ということは2秒で1人だね。……と黙っているだけでこの瞬間、もう2~3人亡くなったことになる。

と思うと、世界で最も豊かな国、アメリカでは、カロリーを摂り過ぎて、肥満になって苦しんでいる人が成人人口の30%もいる。皆も見たことないかな、歩けないほど肥満した人たちもいるよね。(注3)

「なぜ」だろう。

「なぜ」そんな不公平が起こるんだろう。

その「なぜ」を大切にしてほしいんです。

それは見えないものを見ようとすることでもあるしね。

一つだけヒントを。

世の中にあるもの全て、どこかの誰かが「こういうものがあればいいなあ」「こういう仕組みがあればいいなあ」と思ったからできたんです。

人間も鳥のように飛べるようになりたいなあと思ったから……そうだよね、飛行機ができた。

遠くの人と居ながらにして話ができればなあと思ったから……電話ができた。

たとえ戦争中でも、傷ついた人なら敵味方の区別なく助けてあげられる仕組みを作りたいと思ったから……「赤十字」というものができた。

時間はかかったとしても、直接的ではなく間接的であったとしても、世の中にある全てのもののおおもとには、人間の心の中で思ったことがあるということなんです。(注4)

それを勉強してゆきましょう。

3．日本の現状と使命

前述した学年の生徒たちから取ったアンケート(2013年4月現在)で、「社会・世界の出来事で今一番関心のあること」の問いに対して、多かったのは「北朝鮮のミサイル発射について」「中国で死者を出し始めた鳥インフルエンザH9N7」「東日本大震災の被災地の復興・原子力発電所の事故とその後」の3つでした。

今の日本が呼びかけられていることを考えてゆくと、まずは被災地と原発のことを取り上げていこうと考えました。

もちろん、様々な取り上げ方があると思います。ここでは、震災のことのみならず、そこから見えてくる、日本が世界の中でこれから果たすべき役割・使命についても考えていきました。

［2校時目］　3・11東日本大震災の様子

T．２０１１年3月11日の午後2時46分、マグニチュード9・0という観測史上最大の地震が東北・岩手県の三陸海岸沖合で発生しました。

最大震度7という揺れが東日本に大きな被害をもたらしました。東京で感じた揺れも大きくて長くて、街中では悲鳴を上げる人たちも多くいました。でもあれでも震度5だからね。でも被害を何より大きくしたのは、地震発生30分後ぐらいからやってきた津波でした。ちょっとこの地図を見て下さい。（2012.3.11　朝日新聞　朝刊を見せます）

T．北の方から見てみると、岩手県日老町で津波が駆け上がった高さが39・7ｍ、海岸の松原のうち1本だけが耐えて残り、「奇跡の一本松」と呼ばれるようになったその松がある陸前高田市で21・３ｍ。

ぼくもその夏にボランティアで出かけたんだけど、8階建てのビルが横倒しになっているんだね、その宮城県女川町で35ｍ。そしてこれを見て下さい。

これは宮城県の南三陸町の防災対策庁舎です。割と海に近いところにあったんだね。全て津波をかぶりました。

ここでは津波が迫って来て危険だったのにも関わらず、町民に「津波が来ます。高台に逃げて下さい」とアナウンスし続けてくれた人がいました。遠藤未希さんといいます。まだ24

歳でした。

　この写真は、津波が迫って屋上まで逃げた広報担当の加藤さんという方が撮ったものです。屋上が津波に襲われた瞬間です。このあと、頭の上まで津波がやってきて、屋上にいた約30人のうち、この電波塔にしがみついていた人たち以外は皆流されました。助かったのは11人。その中に遠藤未希さんはいませんでした。

　現在に至るまでの死者・行方不明者1万9131人とされています。

　ここに津波に襲われた後の被災地に入って撮影された、いくつかの写真があります。どれも新聞などに発表されて有名になったものばかりだから、皆もどこかで見たことあるんじゃないかな。（写真コピーをi-Padで見せます）

T.　これは、「トランペットの少女」です。高校の吹奏楽部の部員だったんだよね、津波の犠牲になったおばあちゃんに買って貰っていたトランペットで、亡きおばあちゃんとお母さんに向かって私は元気だからねという想いでZARDの『負けないで』を吹く。吹き終えて涙をこぼしているところです。

　そしてこちらは思わず瓦礫の中で座り込んで嘆き悲しんでいる女性です。

T.　そして津波が更に大きな出来事をもたらしたのが、原子力発電所です。

　地図のここだね、福島第一原子力発電所といいます。

襲ってきた津波の高さでいうと最大15・5mというから、三陸海岸の40mに比べれば大したことないように思えます。

ところが、敷地内を海水が駆け上がって水に浸かって電源が皆切れた。ステーション・ブラック・アウト、SBOといいます。それが大事故を引き起こします。

原子力発電について

T. ここで原子力発電の構造について説明しますね。
そもそも発電というのは、タービンというものを回して電気を起こすことを言います。

このタービンを水が落ちる力で回すのが水力発電、風の力で回すのが……。

C. 風力発電！

T. その通りだね。
そしてもう一つ、水が沸騰して水蒸気になった時は体積が1700倍にもなると言います。その時の勢いは、やかんのフタを持ち上げるぐらいだものね。その圧力を使ってタービンを回すやり方の発電があります。

石油や石炭などの化石燃料を燃やして、その熱で水を水蒸気にしてタービンを回すのが火力発電です。

さらにウランという物質があって、その原子核に中性子というものをぶつけると原子核が分裂して大きな熱が出ます。その熱を利用して水を水蒸気にしてタービンを回すのを、原子力発電といいます。

この原子力発電は、燃料費が安くて済むといわれています。100万kw発電所を1年間運転するのに、火力の石油なら20万tタンカーで7隻分必要なところ、原子力発電のウランだったらお風呂の湯舟3杯分で済む。

だから、1kw時当たりの費用は石油で12円に対し、原子力は9円で済むと言われています。75％だね。

それだけではありません。

石油や石炭など化石燃料は燃やすと二酸化炭素CO_2が出ますが、原子力発電からはあまり出ない。

地球温暖化をこれ以上進めないためにも良いだろうと言われました。

この2つの利点から日本では原子力発電所が建設され続けて来たと言われています。現在に至るまで55基の原子炉が運転されてきました。

T．ところが、CO_2は出ない代わりに、人体にとって危険なものが発生します。

なんだろう？

C．放射能！

T．そう、ウランの原子核が分裂する時に放射能が出てしまうんです。

広島・長崎の被害を見て分かるように放射能は人間の細胞を再生不可能なほど破壊します。原子力発電で出る放射能は、低レベルと高レベルの2種類の廃棄物から出るものです。低レベル廃棄物は、原発で働く人の作業衣とか、掃除をしたあとのモップとかに放射能がつく、それらを言います。それらを燃やして灰にして、ドラム缶に詰めてコンクリートで固めて、放射能が外に漏れないようにします。ところがそのドラム缶がもう300万本以上になって置くところがない。

太平洋の深海へ捨てようかという話が出たけれど、コンクリートなんて、もってたかだか40〜50年でしょ、海水でコンクリートが腐食して、中の放射能が出てきてしまう。海が汚染されるというので、フィリピンなどから反対されて中止しました。

高レベル廃棄物は、熱を出したあとの燃料のカスです。カスと言っても熱を利用したあとも核分裂の熱を出し続けます。冷やさないと高温になって爆発します。これは原爆と同じです。

だから今ではその燃料のカスはガラスで固めて、原子炉建屋内のプールの底で絶えず水を循環させて冷やしています。(その水を循環する電源が失われると大変なことになる)

T. 先程言ったように、津波によって電源が失われ、原子炉に水を送るポンプが動かなくなってしまった。その結果、原子炉内のウランの熱が上がっていって原子炉の底を溶かして下の床に落ちていった。

これを「メルトダウン」と言います。「メルト」とは、「溶ける」という意味です。そのメルトダウンによって炉内で発生した水素によって、4つの原子炉があるうち、3月12日に1号機が爆発。続いて3号機が14日に、4号機が15日早朝に爆発しました。原子炉から大量の放射性物質が大気中に漏れたと推定され、その量は最大77万テラベクレルと言われています。

と言ったって具体的にどんな被害をもたらすかわからないよね。

チェルノブイリの原発事故

T．1986年4月26日、旧ソ連のウクライナにあるチェルノブイリ原子力発電所で、原子炉そのものが爆発するという大事故が起こりました。

大量の放射能が放出され、死者も多く出たようです。遠くヨーロッパまで放射能が飛んでゆき、大騒ぎになりました。

その時に放出された放射能の量は520万テラベクレルと言われ、当時の単位で10億キュリーと言われていました。

福島第一原発から出た放射能は77万テラベクレルだから、チェルノブイリの1／7ぐらい。キュリーに直して、1・5億キュリーぐらい、と言われてもやっぱり良くわからないよね。

1962年メキシコ・5キュリーのコバルト60

T. 一つの非常に貴重な例があります。

1962年3月21日、メキシコのある一軒家に4人家族が引越してきました。父親30歳、母親27歳、息子10歳、娘はまだ小さくて2歳。

その家の台所のテーブルの上になぜか5キュリーのコバルト60（放射性同位体）が、容器に入れて置いてあったと思って下さい。と言っても小さなもの。なぜそこに置いてあったかは不明です。

そのコバルト60（放射性同位体）を息子が「これ何だろう」という感じで容器から取り出し、ズボンのポケットに入れて遊びに出かけた。夜、洗濯をしようとしたお母さんが、ポケットの中のコバルト60に気が付いて、台所の戸棚の引出しに入れた。それを第1日目とします。

16日目になって息子の体の具合が酷く悪くなって入院をします。

翌17日目に家の世話をしようとおばあちゃんがやってきて、その時に台所の戸棚のガラスのコップが異様に黒ずんでいるのに気付く。

25日目に息子はますます具合が悪くなります。絶えず吐き気に襲われ、何も食べられない。見てみるとコバルト60を入れていたポケットにあたる部分の太ももが黒く壊死し始めていました。

そして29日目に息子は死亡します。両親は悲しんでいましたが、その時にはお母さんの爪は黒ずんでいて、歯茎から出血が始まっていました。

それでも母親だからということで頑張っていましたが、もうめまいと発熱で人事不省になり、108日目に入院し、翌日死亡します。

140日目に2歳の娘さんが全身の細胞が破壊されて入院し、2日後に死亡します。

195日目におばあちゃんは肺から大量の出血をして死亡します。

お父さんは行方不明です。これはどこかへ行ってしまったということではなく、出かけた先で亡くなったと考えられています。（注5）

5キュリーで5人死んだからチェルノブイリの事故の10億キュリーだったら10億人、福島第一の事故の1・5億キュリーだったら1・5億人死ぬかというとそんなことはありません。

例えば、不謹慎な話で悪いけど、この2年1組の教室の真中にコバルト60を5キュリー置いて、先生も含めて1週間合宿したら皆死にます。

そのあと2組のみんながやってきて、1週間合宿したらやはり皆死にます。

火葬場で火葬されたら、そこからまた死の灰が出て、また新たに人を殺します。つまり、コバルト60が放射線を出している限り、いつまでも人を殺せるということです。

その放射線を出している期間はその放射性物質によって違っていて、コバルト60の場合半減期、つまり出す放射線の量が半分になるのに5年です。その半分になるのにまた5年、その半分になるのにまた5年ということです。

半減期が一番長いのは最も危険とされているプルトニウム239で、これは半減期が2万4000年です。半永久的に放射線を出し続けていると考えた方が良い。

だからチェルノブイリで10億キュリー・10億人、福島第一で1.5億キュリー・1.5億人ということでなく、地球上で置く場所を効果的に配置したら全人類を殺せた。その位の量の放射能が撒き散らかされたということです。

放射線による被害

T. 放射能による被害には2種類あります。

1つは外部被曝。

これは強い放射線に人体が曝されて、細胞が破壊されてしまう状況です。

広島や長崎あるいは1954年のビキニ環礁での世界初の水爆実験の時の第五福竜丸を始めとする被曝がそれです。先ほどのメキシコでの事件もそれですね。

もう1つは内部被曝。これは強い放射線ではなく、弱い放射線を出す放射能でも、1つでも体内に取り込んでしまうとそこから放射線を出し続け、付近の細胞を破壊して、10年、20年とかけてガン化させてゆく。チェルノブイリの子どもたちが成長して今になって甲状腺ガンが多発しているのは有名な話です。

特に子どもたちは大人に比べて放射性物質を身体に溜めやすい。だから、今回も福島原発に近く、放射能が野や山に降った地域の子どもたちには充分なケアをしなくてはいけません。

［3校時目］　ＶＴＲ視聴「セシウムと子どもたち」

ＶＴＲ「ドキュメント・セシウムと子どもたち」日本テレビ

＊

福島原発から半径20㎞圏内は警戒区域と言って17万人の住民は避難を余儀なくされた。20㎞圏外は安全かというとそうではなく、降ってきた放射能によって保育園の園庭ですら1・1マイクロシーベルト／時（msv/h）の高い線量を示す。

このままでは園児に外で遊ばせるわけにもいかないので、除染が必要。園庭の表土を削り取ったが置き場所に困る。植えている木や草花は全て抜いて埋めようとするが、その費用は自分持ち。

遊戯室の屋根に付いているコケに放射能が溜まり、屋根の張替えをしたいが、その費用はない。

何とか年長組だけマスクをさせ外で30分だけ遊ばせるが、それ以下の年齢の子どもたちは外には出せず、子供たちは園舎の中からそれを見ているだけ……。（注6）

＊

〈生徒たちの感想〉

「セシウムは遺伝子を壊し、がんにする可能性がある。

よつば保育園の園長の『子供たちを守りたい』という気持ちがとても伝わりました。除染を1回しただけでは、0・2や0・1msvを保てないことに驚きました。

さらに行政が支援しないことに不満を持ちました。

除染した土をどうするかはとても困難な問題でした。

セシウムがこんなに怖いものだとは思いませんでした」


（3年 M・Y 男）


「映像を見て思ったことは、なぜこんなにも危険な原発をつくってしまったのかということです。

危険性は分かっていたのか？

危険性を伏せていたのか？

どうしていたのと質問したい事がたくさんあります。

そして、それらの近隣で生活していかなければならない人々がいます。家族でいるなら子供たちのことも考えなくてはいけない。問題はあふれています。

そんな中で、これからどうしていけばいいのか、しっかりと考えなくてはいけないと思います。

そして、子供たちが安心して遊べたり、勉強したりできる場所を必ず確保しなければならないと思いました」

（3年 N・M 女）

［4校時目］「問題解決先進国」である日本の持つ「使命」

T．園庭の剝がした表土をどこへ持って行っていいのか、除染しても放射能が消えたわけではないからどこかに流れてゆくだろうし、地下水の汚染も心配だよね。

この地図を見て下さい。（2012.3.11 朝日新聞 朝刊）

原発事故のあった当初、風は西風で放射能は太平洋へ流れて行ったと考えられているけれども、すぐ南東の風になって福島第一原発から北西の方角に当たる飯舘村などは深刻に汚染されました。

さらに3月15日には北風に変わって、放射性物質が雨雲になって茨城・千葉西部から東京東部までに雨を降らせた。

東京の葛飾区の金町浄水場からセシウムが検出されたニュースを覚えている人もいるでしょう。

今でも線量がとても高いホット・スポットと呼ばれる地点がいくつもあるし、江戸川や荒川からもかなり高い線量が報告されています。

T. 太平洋に流れ出して行った放射能の量がどの位なのか見当がつきません。ただその大量の放射能が海流に乗って太平洋中を廻るのに4～5年と言われます。するとそのくらいたって、水産業を生業とする太平洋沿岸の国々、カナダとかペルーとかチリとか、あるいはニュージーランドやオーストラリアが、魚が汚染されたと言って損害賠償を訴えてくる可能性がある。

誰を相手に訴えてくるかというと……日本だよね。東京電力は実質国有化されたから、賠償責任があるのは日本政府です。つまり僕らの税金によって支払われます。それがどの位の金額になるのか見当がつかない。それが4～5年後にやってきます。

放射能汚染や賠償の問題だけでなく、さらに産業の力が衰えていること、世界に先がけて超高齢化社会を迎えること、それらを支える財政も逼迫していることなど、日本が抱える問題は山積みなんです。（注7）

こういう国に僕らは今いるということです。逃げるわけにはいかない。ではどうしたらいいんだろう。

日本の持つ条件と使命

T. 一つ考えておくべきことは、今日本は世界史上初めての実験をしているということなんで

す。それを今から説明します。（注８）

実は世界は今日本の力を注目しています。

それはどういうことかを説明しますね。まず、この資料を見て下さい。

経済的な豊かさの指標に国内総生産・ＧＤＰというのがあります。

世界一の豊かな国は２０１０年度で日本円に直して約１１７２兆円、２位は４７０兆円、３位は４３６兆円です。

……そうだね、１位は断トツのアメリカ、２位が中国、３位がこの年、中国に抜かれはしたけど日本ということですね。

でも考えてみると、１９４５年、太平洋戦争で日本の都市は焼野原になったんですよ。そこからわずか25年で「日本の奇跡」と呼ばれる復興をしてきています。まず、そんな国どこにもなかった。

Ｔ．日本が抱えている条件というものを、アメリカ・中国と比較しながら考えてゆきます。プリント（31頁）を見て下さい。

まず国土面積。

アメリカは９６３万㎢、中国もほとんど同じで９６０万㎢。それに対して日本は……38万㎢。次に人口。中国は凄いね、世界一の人口で13億５０００万人、アメリカは３億１０００万人、そして日本は1億３０００万人。

そして資源。これは国内で生産される石油を表しています。アメリカは206・8億バレル、中国が203・5億バレル。日本は石油採れる？……殆ど採れない。わずか0・44億バレル。グラフに表すとこうなるわけです。日本は厳しい条件を抱えているのがわかるでしょう。

T. 次に右上のグラフを見て下さい。これは世界の中のあるものの3つの国が占める割合を示しています。中国が23・7％、アメリカが17・9％、日本は3・8％。なんだと思う？

C. んー？

T. これは多いと良くないものです。

C. CO_2！

T. その通り、CO_2・二酸化炭素の国別排出量です。日本はこんなに少ない。もう一つのグラフを見て下さい。ここには中国はないけれど、アメリカ始め、カナダ・イギリス・フランス・ドイツ・イタリアと欧米諸国の数値が表されています。それに対しても日本はかなり小さい。これは世界の国々の中でNOx・窒素化合物、SOx・硫黄化合物の排出量を表したものなんです。（注9）

SOxというのは石油化学コンビナートなどから出る亜硫酸ガスなどだね、人体に大きな悪影響を与える。日本はやはりかなり少ない。

T. どういうことかをまとめます。

日本は今、世界の国々の中でも最も豊かな国ベスト3に入るぐらいなんだけれども、戦争によって日本の多くは焼野原になっていた。人々も人口の7割が明日の食べ物もない飢餓状態だった。

しかも国土は狭い、人口も少ない、資源も無い中でこれだけの経済成長を遂げていった。世界は「日本の奇跡」と呼んだ。

ところが日本は経済発展に重点を置くあまり、悲惨な公害病を引き起こします。水俣病やイタイイタイ病、四日市ぜんそくなどだよね。

だって、水銀がこれほど大規模に人間の身体の中に入ってしまったことなんか、人類史上一度もない。イタイイタイ病のカドミウム中毒もそうです。

そこから日本は、工場が有害物質を排出することを規制する法律を作り、企業はそれに従って煤煙中の有害物質をカットする装置を、世界に先んじて作ってゆく。それは世界の先進国のモデルとなります。

そのあと、日本は当時は安価だった輸入石油をエネルギー源としてアメリカに次いで世界2位となるまでの経済発展を遂げますが、１９７３年石油の価格が一挙に3倍にもなる出来事に見舞われ、日本中の産業が大打撃を受ける。

★　日本は、世界の国々がこれから出会うだろう問題を
一早く経験して乗り越えてきた　問題　先進国

日本が持っているもの

1. 卓越《たくえつ》した（　　　）力

2. 憲法第9条による（　　　）主義

3. 利他《りた》の心＝（　　　）の心

⇑

世界は、これからの世界の道を切り開いてくれるのではないかと、日本を固唾《かたず》をのんで見守っている。

「津波が来ます」と娘の声。やがて防災無線が途切れた。

あのときまで

14時46分から

鉄骨むき出しの南三陸
母無念。「早く逃げて」

あのときから

宮城県南三陸町
防災対策庁舎にいた
遠藤未希(24)さん

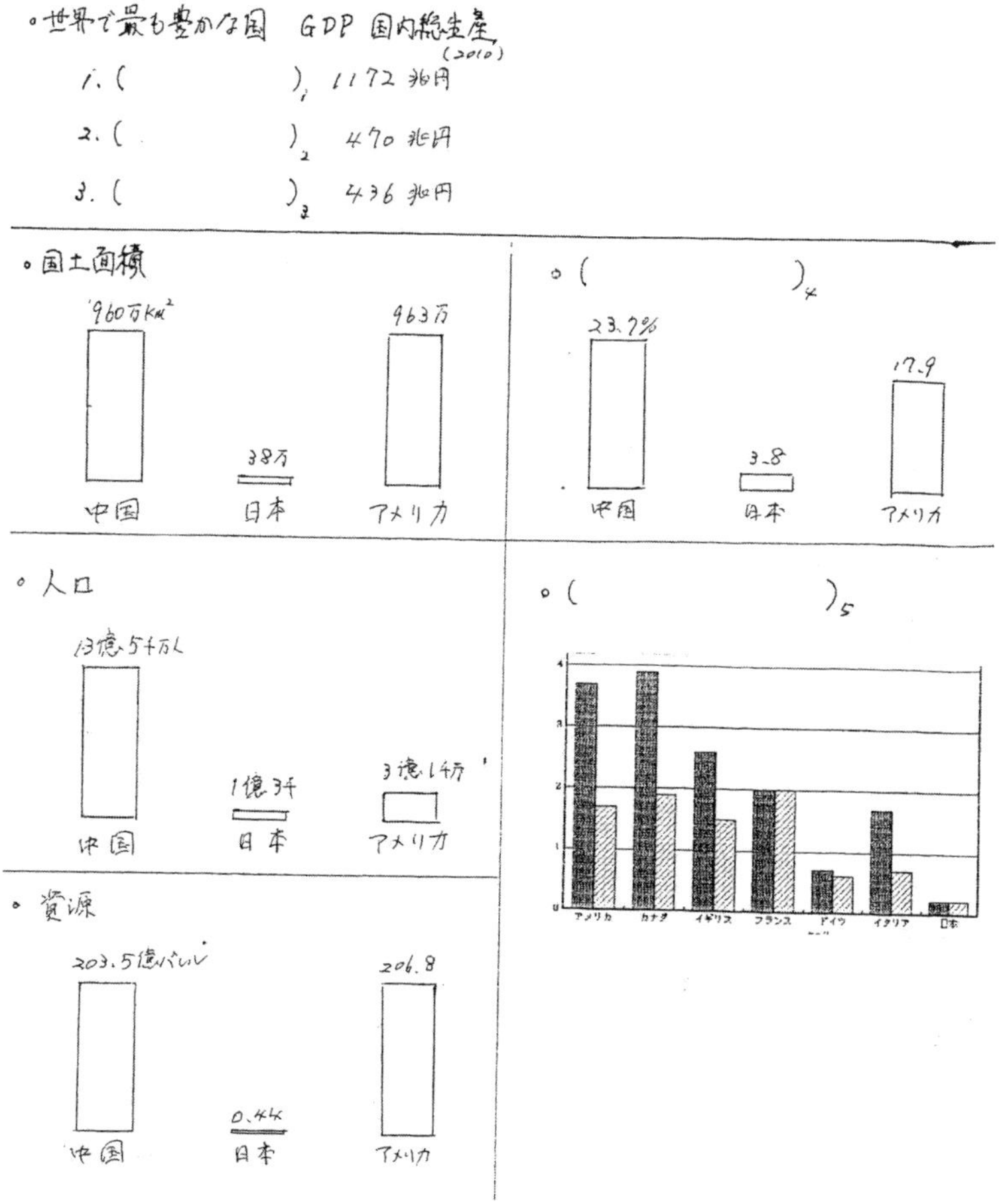

「日本の持つ条件と使命」についてのプリント

それを「石油ショック」といいますよね。世界中の経済が停滞します。

ところがそのあと、日本は基幹産業を石油などの資源をなるべく使わないようなものへシフトしようとします。

ＩＣとかマイクロエレクトロニクスとかだよね。それは世界の誰もが憧れるような先端産業でした。

それによって日本はまた、アメリカの経済学者が『ジャパン・アズ・ナンバーワン』という題名の本を出すまでに発展してゆきます。

T. 世界中で起こるＭ６以上の地震の20％が日本で起きています。

東日本大震災で終わらず、東南海大地震発生の可能性も話題になっています。

その中で緊急地震速報のための観測点が全国で２０００ヶ所あるのだそうです。こんなに多いのは日本だけです。

つまり、世界は日本を、世界の国々がこれから出会うであっただろう問題を一早く体験して、それを乗り越えてきた、つまり焼け跡からの経済復興とか、公害への対策とか、省エネ産業への転換とか、地震対策とかのように、「問題解決先進国」と見ているということなんです。

日本の使命につながる3つの前提

T．そう見られている日本の前提が3つあります。
　1つ目は「卓越した技術力」。

　アメリカのＮＡＳＡ（アメリカ航空宇宙局）の人工衛星の先端の部分、レーダーなどを内包する部分だと思うんですが、その覆いの部分の微妙な曲線は機械ではできない。日本の東京・大田区の町工場で職人さんが手作りで作っているんです。

　その技術はここしかない。

　もう1つ、西アジアの砂漠も含む乾燥地の人々にとって、石油はどんなに生産できても、最も手に入りづらくて欲しい物と言ったら「水」だよね。

　それに対して日本の東レが逆浸透層膜というのを開発して海水を真水に変えることができるようにした。この技術はどれほど西アジアの人たちを助けているだろうか。

　そういう技術は山ほどあるんだよね。
T．そしてその「卓越した技術力」を、武器・兵器を作るためには原則として使わなかった。
　つまり2つ目として「平和主義」ということです。それは「戦争はしない」と言い、更にそのための戦力、つまり軍隊は持たないと言っている憲法第9条によるところが大きい。

　非政府のボランティア組織・ＮＧＯの「アガペハウス」を主宰しているケン・ジョセフさんは、仲間と一緒に西アジア・ヨルダンのアンマンの難民キャンプに行った時に、難民たちに、「お前たちの国には政府が戦争をしようとしてもそれを許さない法律があるというが、それは本当か」と尋ねられたそうです。最初は何言ってるかわからなかったけれど、憲法第9条のことだなと思って、その通りと答えると、オレたちもいつか日本のような国になってみせると言われる。

経済的な豊かさや技術を見て日本のような国になりたいというのは良く聞くけど、憲法第9条についてそう言われて驚いたと述べています。（注10）

薬害エイズ訴訟の原告で、現参議院議員の川田龍平氏はオランダのハーグで開催された平和市民会議に出席した際、採択された21世紀の平和と正義への「ハーグ・アジェンダ」の1番目に、「すべての議会は日本国憲法第9条のような、政府に戦争を禁止する決議を採択するべきだ」という文章が入ったのを見て、凄いことだと誇りに思ったという。

だから、憲法第9条の「平和主義」は日本では当たり前になっているけれど、世界では日本で以上に、関心と憧れと信頼とを持たれていることになります。

T. そして最後3つ目が、日本人が持っている「利他の心」ということです。

「利他」の反対は何?「利己」だよね。だから「利他の心」というのは「他を思う心」「思いやりの心」と言い換えてもいい。

3・11の災害は大変だったし今もその大変さは続いているけれども、何が人間にとって貴く、大切なことかを教えてくれることにもなりました。

最初の方でも話したけど、南三陸町では、危険が迫っているにも関わらず、「津波が来ます。逃げて下さい。」と住民に呼びかけ続けた防災係の女性がいた。

老人介護施設に勤務していた女性看護師の方は、津波の襲来から一人で逃げることは出来るのに、寝たきりのベッドのご老人や車イスの方に寄り添っていた。

そういう人たちが多くいたよね。

身近な例で言えば、被災した人たちが援助の食料や物資を受け取るために列を作っても、オレが先だと争ったりすることなく、皆落ち着いて自分の順番を待っておられた。

全くなくはなかったですが、被災した家屋や店舗に入っての略奪も少なかった。

それらのニュースを聴いた外国の人はとても驚いたそうです。日本人の精神は何と高貴なんだろう。

T．こういう被災地の方々の心にあったものは、恐らくとてもシンプルなものだったのだろうと思います。
「自分だけ助かるわけにはいかない」

「自分も大変だけど、皆も大変。だから頑張ろう」

それが「利他の心」です。

そう思うことが立派だとか、そう思うようになりなさいということではないんですよ。

今世界は、「自分さえ良ければいい」という行動原則によって、ある人たちは巨額の富を手にしているけど、多くの人は貧困に陥っています。そういう人たちと手を結んで助け合うための絆もぼろぼろに切れています。

その結果の経済格差、そこから生じるヨーロッパ諸国やアメリカ、日本の経済危機、貧困から生じる発展途上国での民族紛争など、世界は今人類史上味わったことのない深刻な危機の中に既にあります。

もう自分の利益を優先し、そのために他と激しい競争をしてゆく現在のシステムでは、世界にはもう希望は無いと多くの人が考えています。

T.そのような世界の未来に対して深い危機感を持っている人たちが、もしかしたら世界を救う道を今この国が見せてくれようとしているのではないか、と考えているその国が日本だということです。
まとめます。

1つ目、日本は世界が認める卓越した技術力を持ち、2つ目、それを戦争に勝つためではなく、人々の幸福と安全のために使ってきた。

そして3つ目、その根底に、今世界を覆っている「自分が良ければいい」という「利己の心」と対極にある、「利他の心」がある。

ずうっとアメリカはルールを作ってきました。日本は、与えられた条件・問題を引き受けて、自分たちが深化・成長し、自己変革をし続けることで問題解決をしてきました。

日本は「問題解決先進国」と言われていると言いましたね。

世界は、この世界の危機を救ってくれるのは、本当に日本なのではないかと固唾をのんで見守っているということです。

さきほどの3つの前提を活かし、深めていった先に、日本が果たすべき使命が見えてくるということだと思います。

では、ぼくらはなぜ学ぶのか

そういう役割を持つ日本にいる僕らが、いま学んでいくということですね。

何のために勉強するのかとよく尋ねられます。

より「良い」とされる高校に行くため、更には大学に行くためという答えがよくあります。

それも一つではあると思うんだけれど、もっと大もとに、苦しみ、困っている人を救うというのがあると思うんです。

ずっと酷い咳をしている人がいる。この人は単なる風邪なのか、それとも肺がんなのか、勉強していないと分からない。

つまり勉強していないと、助かる人も助けてあげられないということです。

それは医学でも、教育でも、法律を学んだ弁護士でも、経済を知って商社に勤務しても、音楽を学んで人々を癒やし元気づける歌を作ったり、おいしい料理で家族を励ましたり、どんな仕事でも一緒です。

だから勉強するということじゃないかな。

そんなことも深めてゆきながら、これから社会科の勉強をやってゆきましょう。

＊

〈生徒たちの感想〉

「世界の国々から見ると、私たち日本人が全く気付かないような、日本の良いところが沢山あるのだと思いました。

『思いやりの心』は、私たちが当たり前のように思っていることでも、それが当然ではない人々が世界には多くいるようなので、そんな『思いやりの心』を世界中に広げていくべきだと感じました」

（3年　M・M　女）


「今まで歴史の授業で、日本の歴史上の出来事などを学んできました。

日本には今まで多くの危機が訪れましたが、それを見事に成長へとつなげました。

私は以前、図書館を使った調べるコンクールで、日本の技術について調べたことがあります。

日本では大企業が世界で名をはせているとともに、中小企業や町工場が世界のどこにもないトップの技術を持っています。

私は、今までの危機を独自の技術力で乗り越えてきたということにとても感動し、誇らしくなりました。
これから訪れるであろう困難も、私たち日本人の力で乗り越えていきたいと、強く思いました」

（3年　O・A　女）

「私は、日本はすごいと思います。
私は中国生まれですが、中国は力を使って問題解決をすることがとても多いと思います。私はそういうところが嫌いでした。
でも日本は、優しくて、とてもあたたかくて、力ではなく、ちゃんと問題解決をしようとしているところがすごいと思いました。
私はそんな日本だから、好きです」

（3年　J・J　女）

＊

単元「新しい生徒たちと会ったときの授業開き」または「日本地理・日本の災害」

【2校時】　3・11東日本大震災の様子

【3校時】　VTR視聴「セシウムと子どもたち」

【4校時】「問題解決先進国」である日本の持つ「使命」

【社会科授業が目指すもの】

最初の出会いでは、「テストの点さえ良ければいい」という唯物的価値観に慣れてしまっている生徒たちに、「見えないものこそ大切にしよう」という前提をまず提示したいと思いました。

その前提を自然に認めることのできる日本人の精神性こそが、20世紀まで隆盛を誇った世界の物質文明を、新たなパラダイムへと転換できる大きなカギだと思うからです。

日本は第2次世界大戦の悲惨から立ち直るために「豊かさ」を求めてひた走り、1968年には既にGDP世界第2位の経済大国にのし上がっていきました。

しかし、21世紀に入って以降、貧富の差は広がり、国民の幸福度指数は2019年の時点で156か国中58位に過ぎず、先進国の中では最低です。(注11)

自殺者は年間2万人をも数え、中学生の学期初めの自死も後を絶ちません。(注12)

私たちはどこかで何かを間違えてしまったのではないでしょうか。

後で述べますが、トータルライフ人間学を提唱される高橋佳子氏は、人間の幸福は「1．もらう幸せ　2．できる幸せ　3．あげる幸せ」と深化していくと表現されました。これはそのまま、コールバーグの道徳性発達理論と重なります。（注13）

日本は物の豊かさを手に入れて「もらう幸せ」を味わい、その豊かさによって「できる幸せ」を増やしてきました。しかしそれだけでは、人は本当の充足感は得られません。

今こそ日本全体が次の段階、「あげる幸せ」へと向かうときだと思います。具体的にこう考えるのはいかがでしょうか。

日本には前記のように、日本でしかない「卓越した技術力」「平和主義」「利他の精神性」があります。

これから日本は、それらを世界に伝え、それらを使うことで、世界の対立・紛争の解決、経済格差が生んだ貧困の縮小、そしてその他の問題を引き起こす世界の利他主義・自国中心主義を乗りこえてゆく潮流を創っていくことを目指します。

かつてスリランカ内戦が激しかった時、政府側・シンハリ人とゲリラ側・タミール人との間で秘密裡に平和交渉にあたったのが北欧のノルウェー政府でした。互いに憎しみあい、解決は困難と思われていた内戦の終結に双方が歩み寄ったのは、仲介者がアジア・アフリカを植民地支配したことのない、ノルウェーだったからこそだと言われています。

そのような姿こそ、世界の国々の中で日本が最も果たすべき役割、これからの日本が目指すべき使命、国としてのグランド・デザインとします。

その日本が持つ使命を生きるのは私たち一人ひとり、生徒たち一人ひとりです。

その上で、では社会科授業をどのようにしていくのか、何を学んでいくのかという問いかけを始めていきたいと思います。

	学習内容	指導上の留意点
導入	**2校時目** ○3・11東日本大震災を振り返る ・南三陸町のようす ・写真―「トランペットの少女」、瓦礫の中で嘆く女性	○津波の及んだ地図を見せる ○南三陸町防災対策庁舎の写真
展開	○原発事故について知る ・原子力発電の仕組み 長所と短所 放射性廃棄物 ・チェルノブイリ原発事故のようす 福島1.5億キュリーの放射能とはメキシコの例 ○放射線による被害について学ぶ ・外部被ばくと内部被ばく	○分かりやすいよう図を使う ○チェルノブイリ10億キュリーの放射能と言われる
まとめ	○まとめ ○人々の状況はどうなっていただろうかを考える	

	導入	展開	まとめ
学習内容	3校時目 ○福島原発事故の人々への影響について考える ・特に子供たちは大変だったと知る	○ドキュメント「セシウムと子どもたち」視聴 ・外部被ばくと内部被ばく	○まとめ ○感想を書く
指導上の留意点			○いまだに新聞に各地の放射線量の地図がのっていることを伝える

	学習内容	指導上の留意点
導入	4校時目 ○現在の日本が抱える問題を知る ・福島原発事故による汚染の広がり ・日本の借金の実態	
展開	○日本の持つ力を知る ・GDP 世界第3位 ・「問題解決先進国」としての日本 公害対策 石油危機時の産業転換 地震観測 ○日本の3つの前提を知る ・卓越した技術力 ・平和主義 ・利他の心	○人口・面積・資源など圧倒的に少ないことをグラフで読み取る ○それぞれの具体的内容を説明する
まとめ	○日本が持つ使命の中で、僕らが学ぶことの意味を考える	○今だに新聞に各地の放射線量の地図がのっていることを伝える

第一章

「今の世界」を生きるための授業

イギリスからの独立運動の際に投獄された、インドの初代首相ネルーは、まだ幼い娘インディラ・ガンジーに獄中からこう書き送りました。

「歴史を学ぶことは楽しい。しかし、歴史を作るのに参加することはもっと楽しい」

これは、社会科で知識を学んでそれで終わりとするのではなく、では今の自分たちは何をせよと呼びかけられているのだろうかと、問いかけられるようになることは実は楽しいと言っているように思います。

新型コロナウィルス感染症の大流行に見られるように、世界は何が起こってもおかしくはない時代に突入しました。その時に、一人一人が、その問いかけが起きる内なる中心軸を持っていることはとても重要です。

生徒たちがその中心軸を持ってくれることを願い、「今の世界」と呼吸しあう授業を考えたものです。

（1）オノ・ヨーコさんを励まそう！
――テロ後の手紙がテレビ番組になって――

1．まごころは世界を変える

世界に本当の平和はまだまだ来ません。

「戦争をしても、多くの人々の生命が失われ、悲しむ人々が数限りなく出るだけなのに、人はなぜ戦争をするのでしょう」と子どもたちは問いかけます。

私たち社会科教師は、戦争すると儲かる人たちがいるんだよ、人のいのちを踏みにじってでも儲けたいと思う人たちがいるんだよと、あくなき利益を得ようとする資本家と、資本主義の暴力的な側面の説明をしようとします。これこそ悪だと糾弾したくもなります。

その構造を教えることは、資本主義の矛盾が噴出している今、特に重要だと思います。

と同時に、それらの条件もすべて引き受けたうえで、なお世界から争いをなくそうと「本気」になっている人間の姿を讃えることも、もっと多くしていいのではないでしょうか。

マハトマ・ガンジーは「本気」でした。キング牧師も、ＰＬＯとの和平をすすめて暗殺されたイスラエルのラビン首相も、坂本龍馬、吉田松陰ら維新の志士たちもみな「本気」でした。

来るべき未来の風を感じて、「本気」になって「自分が変わってでも、新しい時代を作ろう」と生きる人の姿は人々の心を打ちます。

だが私たちは「頑張ったところで、どうせ何も変わりゃしないよ」とか、「精一杯やって失敗して傷つくぐらいなら、何もしない方がまし」という虚無感（ニヒリズム）に呑まれて、「本気」で生きることを忘れてしまいます。

大人である私たちの心の中のこれらのつぶやきは、当然、私たちの写し絵である子どもたちの心のなかにも寄生し、根を張っていきます。

そんなニヒリズムの根を立ち切るために、精一杯頑張った時、まごころで生きた時、実は世界は間違いなく変わるのだという体験を何とか子どもたちにさせてあげられないだろうかと考え続けています。

2．9・11 同時多発テロ

2001年9月11日のアメリカ同時多発テロ以降、その全体像について、時間を見つけては少しずつ子どもたちに話してきました。

特にパレスチナの人々を無情に蹂躙するイスラエルのシャロン政権と、そのイスラエルを支えるアメリカ政府、それに対してイスラム過激派は自分たちの命を捨ててでも、アメリカに復讐しようとした事件だったこと。

だとしたら、私たち一人一人は何を考えなければならないのだろうということ。

海の向こうでは、「報復攻撃すべし！」というナショナリズムが勢いを持ち、『イマジン』その他の平和を求める反戦的な音楽がラジオ各局で放送自粛曲になりました。

それに対して、『イマジン』の作者・故ジョン・レノンのパートナーであったオノ・ヨーコさんが、有力新聞「ニューヨーク・タイムズ」に『イマジン』の歌詞の一節だけを載せた全面広告を出したという話も伝わってきました。

二学期の期末試験も終わったそんな頃、これは授業で取り上げたいと思い、十二月八日のジョンの命日に、『イマジン』の歌詞を主軸にした授業を二年生相手に行ってみました。

3．ジョン・レノンとオノ・ヨーコ

私たちの世代にとって、何よりジョン・レノン（１９４０〜１９８０）の格好良さと言ったらありませんでした。

ビートルズ時代からソロ活動に至るまで、創る音楽の素晴らしさと、その思想の深さは、すべてのポピュラー・ミュージシャンの中でも群を抜いていました。

インド哲学や、鈴木大拙を始めとする日本の仏教や禅に対する深い理解、生まれてからの原初的なトラウマを回復させようとするアーサー・ヤノフ博士の原初療法への傾倒など、人間の本質と、人間と宇宙との関係を解き明かそうとしていた求道者のような真摯さに、私たちは胸を震わせました。

ビートルズ解散前後からは、ベトナム反戦を旗印に、平和運動にも深くコミットして世界中の若者に影響を与えます。

と思ったら、オノ・ヨーコとの間に長男ショーンが生まれると、一切の音楽活動を停止して、概念化した男女の役割を超えてハウス・ハズバンド（主夫）となり、子育てを楽しむ日々を送ります。

一人の人として、何を大切にして生きるのかを見せ続けてくれたジョンこそ、「自由な精神」そのものであり、彼に続く若者たちにとっての　Guiding spirit　でした。

同時代の、日本が誇るアーティスト横尾忠則氏も次のように述べています。

「ビートルズは導師だった。

ビートルズを射程に収めてさえいれば、時代が目指すべきものからずれてしまったり、取り残されたりすることもなく、歩んでゆける。

その中心はジョン・レノンだった。

それが、１９８０年12月８日に断ち切られた。

単独で時代を象徴する存在はもうなかった」（注１）

こののち、私たちは自立していかなければならなくなります。

時代の中をさまよい、あちらこちらにぶつかり、闇の中でもがいていきます。

そして20年後、時代の大きな転換点となった２００１年９月11日を契機に、再びジョン・レノンが私たちの道を照らしてくれます。彼の最良のパートナーであるオノ・ヨーコを通して。

オノ・ヨーコというと、熱心なビートルズ・ファンからは、かなり長い間、ジョンをたぶらかせて、ビートルズを解散させた悪女とまで思われていました。

しかし、ヨーコさんがジョンの死後わずか一か月の１９８１年1月11日に世界の主要新聞紙に掲載した In Gratitude（感謝をこめて）という、世にも美しい文章を読むと、ヨーコさんがどれほど深くジョンの精神を理解していたかが分かります。

彼女はこう述べました。

「私は、ジョンが殺されたことに対して怒りを覚える皆さんに感謝したいと思います。皆さんの怒りを、私も共有したいと思います。

私は、ジョンを守ってあげられなかった私自身に対して怒っています。

私は、私自身と、この社会がここまで落ちていくのを許してしまった私たちすべてに対して怒っています。

もし、私たちにできる『リベンジ』（復讐）があるのだとしたら、ジョンが信じていたように、この社会を愛と信頼を土台にしたものに作り替えていくことだと思います。

唯一の慰めは、この地球上に、私たちと私たちの子どもたちのために、平和な世界を創ることができる、ということを見せることだと思います」

この人が、２００１年9月11日で立ち上がっていったわけです、

In Gratitude でもそうでしたが、ジョンもヨーコも、音楽を通して、あえて言えば人間としての存在を通して、世界をもっと良くすることが出来ると確信していましたし、そうしようじゃないかと心の底から呼びかけていたのです。

それは、人間の本質に対する絶対的な信頼でもありました。

そのことを、世界の中で最も自己肯定感が低く（注2）、自分の中に、人間として素晴らしいものがあると実感させてもらってこなかった子どもたちに伝えることは、すべての教育活動を通してのプライオリティ・ワン（優先順位第1位）だと思っています。

4.『イマジン』の授業

①ジョン・レノン『イマジン』（1971年録音）を聴かせる。知っている、聴いたことがあるという者は残念ながら少数。

②歌詞カードを配り、歌詞を追いながらもう一度聴く。

T．平和を歌ったジョンは1980年12月8日に殺されてしまいました。昨日が命日だね。

でもその遺志をついでいるオノ・ヨーコさんは、アメリカの報復攻撃に対してつい先日、アメリカでもっとも影響力のある新聞「ニューヨーク・タイムズ」に一行だけの全面広告を出しました。その一行がこれです。

Imagine all the people living life in peace.

想像してごらん　すべての人が平和に暮していることを。

　そう、『イマジン』の一節だね。今日はジョンとヨーコさんの足跡を追ってみたいと思います。

③「知ってるつもり?!　オノ・ヨーコ」（2001年）（注3）から、冒頭5分、タイムズ全面広告と、下の写真のようにニューヨーク繁華街の同じ一文を載せた広告板、ジョンの誕生日に日本で開催されたジョン・レノン・スーパー・ライヴでのヨーコさんから日本へのメッセージ。

「いまこの時、悲しみと憎しみに覆われたニューヨークにいなければならないと思ったのです」という言葉。

④同番組からジョンとヨーコさんのベトナム反戦活動の様子。平和を求める人たちのカリスマ的存在になっていく。『ギヴ・ピース・ア・チャンス（平和を我等に）』も歌っている。

⑤1990年に放映された同じく「知ってるつもり?!　ジョン・レノン」（注4）から、ジョンの誕生日に国連で『イマジ

『イマジン』の歌詞を掲げた広告板

ン』をバックに語るヨーコさんのメッセージ。あらかじめ板書。
A dream we dream alone is only a dream.
But a dream we dream together is reality.
Happy birthday, John.
The world is wiser today for having shared a time with you.
一人で見る夢は　夢にしかすぎないけど
みんなで見る夢は　現実になる
誕生日おめでとう、ジョン。
世界は　あなたと時をすごして、
少しばかり　賢くなりました。
⑥同番組からビートルズの歴史5分。
リヴァプールのライヴハウス「タバーン」出演の様子から始まり、『ラヴ・ミー・ドゥ』でレコード・デビュー、そしてイギリスから世界に飛び立ちビートルズは世界のアイドルとなる。日本にも来る。

しかし、やがてジョンは人気の絶頂で「本当の自分とは何か」を考え始める。

オノ・ヨーコさんとの出会い。

VTR『ビートルズ・アンソロジー』から『愛こそはすべて』の演奏シーン。ただし、歌詞の日本語訳があまり良くはないことを説明。

⑦１９７５年以降の様子。

ショーン君の誕生、仕事から手を引き「主夫」に専念する様子。

身も心もクリーン、シンプルになった時、歌が溢れ出す。それが遺作となった１９８０年『スターティング・オーヴァー』の録音だった。

⑧１９８８年発表の映画『イマジン』（注５）から最後の部分。

暗殺されてしばらくした後の息子のショーン君とヨーコさんのインタビュー。

１９８０年12月８日の暗殺事件の様子。

セントラル・パークでの追悼集会。数万の人々が涙を流しながら『愛こそはすべて』を歌う。

最後に白い屋敷の中でジョンが歌う『イマジン』を聴く。

T. 最後のインタビューのなかでヨーコさんは「ジョンは私の恋人であり、友人であり、パートナーであり、そして共に戦う戦士でした」と言っていたね。何に対して戦っていたのだろう。そのことも考えながら感想を書いて下さい。

普段はあまり感情を表に出さない子どもたちが多いのですが、この時書いた感想は子どもたちの心のかなり深いところから出てきたものが多く、感動させられました。

これは、と思い、知人の編集者からニューヨークのヨーコさんの住所を教えてもらい、子どもたちにヨーコさんへの手紙を書いてもらうことにしました。

相手は忙しい方だから、返事は来なくてもがっかりしないこと、手紙で気持ちを伝えられるということだけで良しとしようと確認。子どもたちは一生懸命取り組んでいました。

5. オノ・ヨーコさんへの手紙

「私は小学校5年まで、アメリカに7年間住んでいました。だからテロのニュースをテレビで見たとき、すごく悲しくなりました。なんでこの世に戦争、テロなんてあるんだろうと思いました。

社会の授業で"Imagine all the people living life in peace"と書いてある新聞のことを先生に教えてもらった時、なんか心に来るものがありました。たった一文なのにすごく心を動かされました。

授業でビデオを見て、ジョン・レノンの『イマジン』を聞いた時、私たちは立ち上がってこの世界のために何かしなければいけないと思いました。

私はオノ・ヨーコさんをすごく尊敬します。ヨーコさんだったら、この争いを止められると思います。ヨーコさんに今回こういう手紙が書けて良かったと思います。

日本にいる私たちは直接何もできないけど、日本の中学生もあなたのことを応援していることを覚えていて下さい」

（H・K）


「こんにちは！　私は中学2年生の女の子です。

このあいだ、学校の社会の授業の時に、ジョン・レノンさんのビデオを見ました。私はジョン・レノンという人は、ミュージシャンで、ビートルズのメンバーだったということしか知らなかったので、そのビデオを見てとても驚きました。

その内容は、ジョンさんとヨーコさんが、世界の平和を願い、色々な活動をしていたというものでした。歌をただ歌うのではなく、『イマジン』という曲は歌詞にとても強い平和への願いが込められていて、すごく感動しました。

今、あのテロ事件以来戦争をしていますが、私はニュースを見るたびに思います。テロなどの犯罪で人を殺すことはとても悪い事、でも、空爆でまったく罪のない人々を殺したら、その犯罪と同じだ！

どうしてそれに気づかない人がいるのだろう？

どうして『イマジン』の歌詞のように考えられないのだろう？

とても悲しくなります。

ヨーコさんもそう思いませんか？

人々がそれに気づいた時、こんな戦争はきっと終わる。世界は平和になる。……そうですよね？

ヨーコさんは、ビデオの中で、『ジョンは夫であり、恋人であり、友達であり、パートナーであり、共に戦う兵士でした。』と言っていました。

私も世界が平和になったらいいなと思います。だから私も世界の平和のために戦う兵士になりたい！

いつか『イマジン』のような世界が訪れますように。心から祈りを込めて……」

「初めまして。私はN中学校に通う2年生です。

私達は、学校の授業でテロ事件などの事を深く考えました。そしてみんな、平和についてを深く考える様になりました。

そんな時、先生が授業でジョン・レノンさんとオノ・ヨーコさんの事を教えてくれました。

私は、ジョン・レノンさんとオノ・ヨーコさんが今までしてきた事を知って、ものすごく深く感動し、より強く平和を願う様になりました。正直な話、強く心を打たれました。

ジョン・レノンさんの、歌にこめた真剣に平和を願う気持ちと、そのジョン・レノンさんを支え、共に一生懸命平和を呼びかけていたオノ・ヨーコさん。

この想いを感じて心がふるえました。本当に言葉では表せないくらいに感動しました。

こんな事を私がいうのも変かも知れませんが、ジョン・レノンさんの平和を願う気持ちは、ジョン・レノンさんの歌を聞いたたくさんの人々に受けつがれ、伝わったと思いました。

私も、その強く平和を願う気持ちのこめられた歌を聞いて、平和を深く考える様になりました。私も何か、今はまだほんとに小さい事、ささいな事しかできませんが平和を呼びかける様な事をしたいと思いました。

オノ・ヨーコさん、これからも平和を呼びかけて頑張って下さい。応援しています。ジョン・レノンさんも空から見守っていると思います。

体に気をつけて頑張って下さい」

これらの手紙、約170通をニューヨークに郵送、年が明けてヨーコさんの日本でのマネージャーという方から電話があり、ヨーコさんが手紙をすべて読んでくださったこと、とても喜んでくれたことを伝えて下さり、

「小さなことでいいから平和につながることをしていって下さい」

というヨーコさんからのメッセージも頂きました。

それを翌日伝えると、子どもたちは大喜び。これで一件落着のはずでした。

6．テレビ番組になる

しばらくして再びマネージャーの方から連絡が入ります。

ちょうどNHKで『イマジン』をテーマにしたドキュメンタリーを作る企画が進行中で、子どもたちの手紙のことをディレクターの方に話していいかと尋ねられました。もちろん快諾。

三月上旬～中旬にテレビ・カメラが校内に入り、子どもたちの授業風景や部活での様子、インタビューなどを収録し、番組中の重要なファクターとして使うことになりました。

さらに、高橋佳子著の「人間だけが夢を描いて、それを実現することができる」をテーマにした優れたヴィジュアル・ブック『チャレンジ！』を使って『イマジン』の歌詞の意味を深めようとした私の第二弾の授業も収録しました。（授業記録は後述）

出来上がった番組は『世紀を刻んだ歌2　イマジン　2001―2002』として4月11日夜、NHK　BS2で放映。75分番組のうち30分ほどが子どもたちのことで占められていました。

放映後、子どもたちはテレビを通して自分たちの平和に対する考えを人々に伝えることができたという、充実感に満ちた、爽やかな顔をしていました。

7．番組を見ての感想

「番組を見た時、想像していたのに比べて、全然いい感じに私たちの中学校の出番があって、すごいなーって思いました。やっぱ素人なので、一人ひとりのインタビューの所はカメラを意識してたりして面白かったです。

初め、オノ・ヨーコさんへ手紙を書くって聞いた時、正直どうせこんなの書いてもヨーコさんへは届きもしないだろうし、あっちでゴミか何かになって終わるんだろうと思っていました。けど、こんなすごいことになるなんて…。何でもやってみるもんだなーって思いました。自分が考えていたのより、全然すごいことしてたんだなーって。

今までは『私が○○をしたって、どーせ何も起こりはしないし……』とか思ってあきらめていたことが多いけど、やってみると案外何かは変わる、何かは起こるって思いました。

オノ・ヨーコさんとジョン・レノンさんの生き方ってまさにこんな感じなんじゃないかなと思いました。

自分の思いを人に伝えるって本当に大切なことなんだと、学習してきて思いました。

あの番組を見て、少しでも戦争について考える人が増えたとしたら、私たちのやったことって本当にすごいなーと思います」　（C・T）

「オノ・ヨーコさんに手紙を送って良かったと思った。

世界の人たちに『私たちも平和を願っているのだぞ！』とテレビを通して言えたからだ。紛争が続いているイスラエルやアフガニスタンの人たちに、この映像を見てほしいと思った」　（K・M）

子どもたちがまごころから書いた手紙がヨーコさんの心を打ち、それがテレビ番組制作にまでつながりました。

まごころからの言葉や行動は世界を変える力を持ちます。

そのことが子どもたちの心に少しでも根づいてくれて、「どうせやったって……」症候群の今の社会にいつか風穴を開けてくれる力になったら、こんなに嬉しいことはありません。

（追記）このNHK番組「世紀を刻んだ歌2　イマジン　2001―2002」は50分に編集されたものが、世界の教育番組に対して贈られる「日本賞」の文部科学大臣賞を受賞し、そのことにより、こののち何度も再放送されることになります。

（初出・歴史地理教育2002年11月号に追補）

＊

単元名「公民的分野・私たちと国際社会の諸課題」

ア．世界平和と人類の福祉の増大

イ．よりよい社会を目指して（6時間）

［1校時］　南北問題

［2校時］　国際援助・国連とNGO

［3校時］　VTR「中村哲とアフガニスタン」

［4校時］　9・11同時多発テロとパレスチナ問題

［5校時］　同時多発テロと「イマジン」（1校時目）

［6校時］　オノ・ヨーコさんを励まそう！（2校時目）

	学習内容	指導上の留意点
導入	**1校時目** ○ジョン・レノン「イマジン」を聴く 　歌詞の意味を知る ○2001.9.11 ニューヨーク同時多発テロの様子を知る ○2001.9.23 ニューヨーク・タイムズの広告「Imagine all the people living life in peace.」の意味を知る	○歌詞カード配布 ○テロの背景にあるパレスチナ問題やイラク・シリアやアフガニスタンの現状について、すでに橋田信介氏・山本美香氏・中村哲氏などに触れながら学んでいると理解しやすい
展開	○ジョン・レノンの歩みを学ぶ 1. ジョンとヨーコのベトナム反戦運動 2. １９９０国連総会での「イマジン」 3. ビートルズの歴史 4. 1980.12.8 のジョンレノンの死と追悼集会	○映像の準備
まとめ	○オノ・ヨーコの話と映像版「イマジン」 ○感想文を書く	○映画「イマジン」

	学習内容	指導上の留意点
導入	**2校時目** ○前時の感想文をいくつか紹介 「内容がみんなの願いが素直に出ていてとても良いので、お手紙という形にしよう」	○お忙しい方だから、お返事などは期待せず、と確認
展開	○オノ・ヨーコさんへ手紙を書く	○お手紙を書くということができるだけでありがたいとも確認
まとめ	○まとめ	○みな真剣に取り組んでいたことを評価

（2）橋田信介とイラク戦争

アメリカは9・11同時多発テロのあとサウジアラビア人のオサマ・ビン・ラディンを首謀者と断定し、ビン・ラディンを匿っているという口実でアフガニスタンを攻撃します。

そして、2003年には、イラクのフセイン大統領がアメリカ攻撃のための大量破壊兵器を準備している、その脅威を取り除くという名目で、イラク攻撃を始めました。

その日は奇しくも、先に「イマジン」の授業をした生徒たちの卒業式でした。

式を終えた生徒たちが私に向かって言った最初の言葉は

「先生、イラク攻撃始めちゃった？」でした。

その後、在校生にイラク・シリア関係の授業をすることになります。

＊

「戦場カメラマン」とは危険極まりない戦場に飛び込んで戦争の悲惨さを記録し、それを世に問うことで平和を訴えようとする使命感に燃えた人々だと思っていました。

かつてNHK特集の名作『カメラマン・サワダの戦争』を生徒達に見せたことがあります。

「カメラマン・サワダ」とはもちろんあの、戦場カメラマン、沢田教一さんのこと。

戦火を逃れて川を泳いで渡ろうとする家族を描いた「安全への逃避」でピューリッツァー賞

を、そしてアメリカの装甲車の後ろに南ベトナム民族解放戦線（ベトコン）の死体をくくり付け、引き摺ろうとしている様子をとらえた「泥まみれの死」で世界報道写真賞を取った方です。

番組でも、戦闘シーンを撮るよりもむしろ、戦火の下に生き、嘆き、それでも歩んでゆく民衆の姿を撮ることで、彼は戦争の悲惨さを訴えようとしたという構成になっていました。

私も無論、熱を入れて、生命を賭けてでも沢田さんが訴えようとしたことは……という話になっていきました。

ところが映像で見た戦場カメラマン橋田信介さんは違っていました。

からっとして明るく、「使命感」などという大仰なものは、内面で持っていらしたとしても少しも表には出しません。

「戦場ってダイナミックだからですよ。人間が生きるのと死ぬのと、それが交錯して」と語っていた橋田さん。

60歳を過ぎてもまだイラクやパレスチナを飛び回り、「橋田さんと一緒にいれば死なない」と言われ後輩からも信頼されていた橋田さん。

が、一般の知名度は低く、僕もイラク開戦後の日本テレビ・ドキュメント03の「戦場特派員」を見て初めて橋田さんを知ったのでした。

知った途端に橋田さんは甥の小川功太郎さんと共にイラクで亡くなってしまいました。その背後にも一つのドラマがあったことが分かってきました。

そのドラマも含めて、授業に取り上げない訳にはいきませんでした。

［1校時目］「イラク戦争の様子」

T．２００３年3月20日、去年の卒業式にアメリカのブッシュ大統領がイラク攻撃を始め、一ヶ月も経たないうちに首都バグダッドが陥落してブッシュ大統領も戦争終止宣言を出しました。

ところがそこからが泥沼で、毎日多くの一般人が犠牲になる内戦状態に陥ってしまいました。今では日本のジャーナリストも危険でほとんど入っていない状態です。

今日はまず、バグダッド市内のホテルで起きたアメリカ戦車による砲撃事件のニュースから見てみましょう。（注6）

当時世界のジャーナリストが投宿し、バグダッド市内で最も安全と言われていたパレスチナホテルの角部屋に陣取っていたロイターのジャーナリストが、アメリカ戦車によって砲撃された直後の映像。

ベランダから外に向かって構えたテレビカメラを自分たちを狙う砲身と見誤ったアメリカ兵が戦車から砲撃を加えたらしいが、隣室が日本テレビのスタッフの部屋だったため、その直後の負傷者の様子も含む衝撃的な映像が残ることになった。この時の日本テレビのスタッフの一人が、このあと取り上げる山本美香さん。

T．アメリカ軍による猛烈な空爆で、一般市民にも多くの犠牲者が出ました。
その様子を考えたいと思いますが、その中で一つ、余りに激しい空爆によるショックで、お腹の大きい妊娠中のお母さんたちが早産してしまうんですね。設備が整っている病院だったら未熟児でも楽に助けてあげられるんだけど、薬もなく、保育器に送り込む酸素の量も限られていて、助けてあげられない。そういう話も出てきています。

まず、米兵がゲリラ掃討のために民家のドアを蹴破り、イラク人家族を外に連れ出すシーン。父親は手を口に運ぶジェスチャーをして食事中だとアピールするが、米兵達は銃を構える。手を上げながら出てきた家族のうち、母親は手を口に当てて泣き出し、まだ12～13歳ぐらいの可愛らしい女の子は必死で涙をこらえている。10歳ぐらいの男の子はじっと米兵を見つめている。

次のシーンはバグダッド市内の病院。（注7）
アメリカ軍の落としたクラスター爆弾の破片が足を貫通し大怪我を負った少年。病室内に響き渡る絶叫が起るほどの痛みを伴うが、毎日足首から抗生物質を血管に入れないと足が腐ってしまう。

食事を運んでくる父親は被害にあった場所を見せる。軍事施設などアメリカ軍の攻撃目標になるものは何もない普通の住宅街だった。

ちょうどアメリカ軍の装甲車が通る。Ｖサインをするアメリカ兵。

「いつか必ず復讐する」とつぶやく父親。

産科病棟。（注８）

保育器の中にいる、未熟児で生まれた娘ネダを見守る母親のラシアさん。

医薬品も酸素も不足し、同じ病室の赤ちゃんが今朝も亡くなったとつぶやく。

身体中に黄疸が出たネダのために月給の３倍はする貴重な血小板を手に入れたラシアさん。

その血小板の入ったビニール袋を手で温めてあげる。

韓国人の医師グループが来訪。ネダちゃんを見るが、「設備さえ整っていれば簡単に助けてあげられるのに、それができない。辛いですね」と言う。

５月18日ネダは母親の手の中で静かに息を引き取った。生まれて僅か34日間の生命だった。

＊

「イラク戦争の様子」を知っての生徒たちの感想

「小さなたくさんの子供たちが怪我をしているのを見て、ビックリした。

子供たちは友達と庭で遊んでいただけなのに……。

色々な、たくさんの人が理由もなく怪我をしているのを見て私は悲しくなった。未熟児も多かった。まだとても小さくて保育器の中でとても苦しそうだった。赤ちゃんがかわいそうだけど、お母さんもすごくかわいそうだ。自分の大切な子供が保育器の中で苦しんでいるのを見てお母さんは心配でとてもつらいのではないかと思った。お医者さんも、自分はお医者さんなのに小さな子供たち、大人たちを救うことが出来ずにとてもつらいのではないだろうか……。

私はビデオを見て、『関係ない人たちまで巻き込むな!!』と思った」

（T・M　女）

「あんなに小さいのにあんなに短い時間しか生きられないのはとても悲しいです。これから色々な事を出来るというのに死んでしまってとても残念でした。何で人を殺しておいてアメリカ兵が平気で手を振っていられるのか、とてもおかしいと思いました。戦争はとても悲しいものだとさらに深く教わりました」

（S・S　男）

［2校時目］

「ドキュメント2003　戦場特派員～60歳が見たイラク戦争～」視聴（25分）〈番組内容〉

アメリカの空爆によるイラクの被害を取材する各国ジャーナリストの中に最年長の日本のジャーナリスト橋田信介さんがいた。

大手メディアに属さない橋田さんは、スクープを狙うべくイラク政府の指示する取材場所、対象者以外の所に潜り込んで取材をし、イラク政府から国外退去の命令を受けてしまう。

橋田さんはベトナム戦争、カンボジア内戦から最近はパレスチナそしてイラクと、世界の戦場・紛争地を駆け回ったベテランジャーナリスト。

ベトナム戦争の時は北ベトナムに入り、アメリカと戦うベトナム民衆の様子を取材したり、パレスチナでもイスラエルに対する民衆蜂起（インティファーダ）を撮ったりと、橋田さんの取材の対象は常に戦火に巻き込まれ、それでも力強く生きようとする民衆の姿だった。

橋田信介さん（アスコム　提供）

多くの後輩ジャーナリストも橋田さんを慕い、「橋田さんの後を行けば死なない」とも言われていたという。

国外退去にあい、隣国シリアに一旦出国せざるを得なかった橋田さん達だが、ムジャヒディン（義勇軍）のビザを取って再びイラクに入国、バグダッド市内の安ホテルに宿泊し、スクープを狙いに出かける。

見事、バグダッド市内に向けて進攻するアメリカ軍の映像を捉えたスクープをものにするが、アメリカ軍の進攻は予想以上に早く、大手メディアがその映像を世界に発信してしまった。

その帰り壮絶な市街戦に巻き込まれる橋田さんたち。

「僕は年寄りで、恐がっているフリをすれば市民が助けてくれるから、そのとおりに逃げよう」という橋田さん。

日本に一時帰国した橋田さんは大学生達の前で特別講義を行い、こう語りかけた。

「イラクでは銃弾が飛び交い、人がバタバタと死ぬのにここでは大学生の皆さんがケータイをいじったりしている。その落差の激しさに、精神の均衡が取れなくなったりします。……みんなには一日一瞬を本当に大切に生きていってほしいと思います」（注9）

＊

その後、橋田さんは日本の報道番組に出演してイラク情勢について語ったり、アメリカと日本の対応の不備について鋭く、切実に、しかし朗らかに指摘されていました。

その御様子も見て、私はますます橋田さんのファンになっていきました。

[3校時目]「橋田さんの死」

T．ところが、先日5月27日にまたイラクに戻った橋田さんと甥の小川功太郎さんが、イラクで自動車で走行中に何者かに襲撃されて命を落としました。これがその新聞記事です。
（2004年5月28日付 朝日新聞　朝刊を見せます）

T．イラク南部のサマワに駐在している日本の自衛隊を取材し、バグダッドに帰ろうとしていたその道筋で襲われました。まず、そのことを報道したニュースを見てください。

○襲撃された車のようす。
橋田さんと小川さん、そしてイラクの通訳の3人が亡くなったらしいということ。
橋田さんの紹介と活動のようす。
遺族の記者会見のようす。
橋田さんの奥さんの幸子さんは気丈に
「どんな人にも優しい人でした。私達にもそうでした。覚悟は出来ていました」
と涙をこらえながら語った。（注10）

T．自衛隊が駐留しているサマワからバグダッドに帰ろうとした時にはもう夕方近くになっていました。実はこれは危険な時間帯で、本当だったら一晩待って出かけるはずのところなんです。
ところが危険を冒して敢えて車でバグダッドに向かった。それもスピードは出るけれど、目立つ大型車だったんです。イラクの民衆も憎む、アメリカ軍関係者が使ったりしている大型車。

T．橋田さんほどのベテランジャーナリストが、まるで「襲撃してください」と言わんばかりでした。一体なぜだったんだろうということが最近ようやくわかりました。

橋田さんはバグダッドの北に住むモハマド君という男の子と知り合いになりました。

モハマド君はアメリカ軍の攻撃の被害によって眼が見えなくなりかけていました。

日本に連れて帰って手術を受けさせてあげれば眼は光を取り戻すことができる。

そのモハマド君を日本に連れてゆくためにどうしてもその日のうちにバグダッドに帰ることが必要だったんです。だから、危険を顧みずこの車を使ったらしい。それでやはりアメリカ軍関係者と間違えられて襲撃されました。

T. そのあと、橋田さんの遺志を継いで、橋田さんの奥さんや支援者達が無事にモハマド君を探し出して、日本に連れて行って眼の手術を受けさせてあげました。

手術後に、奥さんの幸子さんがモハマド君に会った時の様子を見てください。

○「報道ステーション」より（注11）

T. この後、モハマド君はイラクに帰りましたね。

橋田さんに対して、イラクでは毎日何百人も死に、更に多くの負傷者が出ている。一人だけ助けたってどうにもならないと言った人がいたそうです。

橋田さんはこう答えました。

「たった一人でもいい。まず一人から始める。一人でも助けてあげられたら、他の人がきっと続いてくれる。一人からでいいんだ」

T．モハマド君は大きくなったらきっとこう言うと思うんです。

「僕の眼は一人の日本人の心によって見えるようになったんだ。その日本人の名をハシダ・シンスケと言う」

そうしたらきっと、モハマド君はイラクと日本を結ぶかけ橋になってくれることでしょう。

＊

〈生徒たちの感想〉

「橋田さんのやっていたことはすごく危険だったと思います、自分から戦場に飛び込んでいるのと同じで。

私は前、本を読んでいて『ロバート・キャパ』という人を知りました。

この人も橋田さんと同じ仕事をしていた人です。『戦争写真家』という職業を私はこの時初めて知りました。

もらったプリントにもあるように紛争地の取材は何度やっても危険で、死ぬ可能性も充分あります。だけどベッドのマットレスを出して暴風を防いだり、ガムテープでガラスが割れるのを抑えようとしているのは、やっぱり『慣れている証拠』なのかなと思いました。

そして私はもう一つ驚いたことがあります。それは奥さんの記者会見の様子です。家族が亡くなったのに落ち着いていて、『覚悟は出来ていました』とコメントしていました。私だったら家族や友達、お世話になった先生とか、とにかく身近な人が亡くなったら（しかも戦地で）きっと涙が止まらないと思います。だけどあんなに冷静でいられるのは職業的にいつあってもおかしくなかったからか、あの仕事に誇りを持っていたからじゃないかと思います。

危険だからこそやりがいもあるし、橋田さんのような人達がいなければ私達はこうしてイラクの様子を知ることができません。そんな橋田さんに奥さんは誇りを持っていたのでしょう。私は現地に行くことも出来ないけれど、この写真を見て募金とかちょっとだけでもしていきたいです。

そしてやっぱり『戦争写真家』が必要ない時代になったら良いと思います」　（Y・H　女）

「私はビデオを見て、『橋田さんは凄い人だ！』と思いました。

私は今日、ニュースでちょうど橋田さんが日本の治療をしてあげようとしていた、左目の見えなくなっているイラクの子の話を見ました。

その男の子は『橋田さんにとても感謝している、橋田さんが死んだと聞いた時、涙が出た』と言っていました。

ビデオで、よく覚えていないけど、橋田さんの周りの人は、その左目の見えなくなっている男の子は、イラクの中の苦しんでいる何万人もの子供の1人だと言っていたと思います。でも橋田さんは何万人の中の1人でも助けられたらと思い、日本の治療をすすめたことが私には凄く偉く、優しい人なんだ！　と思いました。

そして私は橋田さんと橋田さんの家族（妻）はなんて勇気のある人なんだろうと思いました。私だったら橋田さんのように自分が危険な目にあってまでカメラを回そうとはとても思えません。

私が橋田さんの妻だったら、そんな橋田さんを家で待っていることなんて出来ませんし、橋田さんの事が心配で毎日眠れないと思います。ましてや『私達はいつでも覚悟は出来ている』なんてとても言えません。

そんな橋田さんのような素晴らしい方が撃たれて亡くなったのは、残念でたまりません。

それと、罪の無いイラクの子供達が傷付いているのはとても悲しいです。栄養不足で死んでしまう赤ちゃんがいる事を思うと、悔しいです。

どうして戦争なんかが続いているのかが不思議です。

戦争をして幸せになる人は1人もいないと思います。他国の人が死に、傷つきながら自分の国が勝っても、全然嬉しくないと思います。

どうして話し合いで解決出来ないのか。

私には何が出来るのか、わかりません。イラクに行く事も出来ないし、募金もよくわからない。私には、イラクの人が傷付いて行くのを見ていく事しか出来ないでしょうか……。そう思うと、悔しさで一杯になります。

でも私は戦争が終わることを願っています。世界中の人々が幸せになれば良いと改めて深く思いました」

（T・Y　女）

＊

「公民的分野・私たちと国際社会の諸課題」
ア．世界平和と人類の福祉の増大
［1校時］　地球環境問題
［2校時］　終わらない地域紛争
［3校時］　アメリカとイラク戦争（1校時目）
［4校時］　VTR「戦場特派員～60歳が見たイラク戦争～」（2校時目）
［5校時］　橋田さんの死とその生き方（3校時目）
［6校時］　VTR「戦場に咲いた小さな花・山本美香という生き方」（4校時目）
［7校時］　VTR「それでもジャーナリストは戦場に立つ」（5校時目）

	学習内容	指導上の留意点
導入	1校時目 ○イラク戦争の始まりについて学ぶ	○イラク戦争のきっかけとなった同時多発テロには触れるが、その背景にあるパレスチナ問題にも後日必ず触れるようにする
展開	○イラク戦争の様子をニュース映像から知る ・アメリカ軍に砲撃されたパレスチナホテルのジャーナリスト ・一般市民の被害 アメリカ兵に襲われる人々 クラスター爆弾により大けがをした少年 未熟児で生まれた女の子	○何本かのニュース映像 ○映像の準備
まとめ	○まとめ ○感想を書く	

	学習内容	指導上の留意点
導入	**2校時目** ○「戦場ジャーナリスト」という仕事を知る	○ロバート・キャパ「崩れ落ちる兵士」を見せる→飛んでくる砲弾を背にしていることに気づかせる ○沢田教一の写真も紹介する
展開	○ドキュメント「戦場特派員～60歳が見たイラク戦争～」を視聴	
まとめ	○まとめ ○感想を書く	○その後、命を落とされたことはまだ言わない

	学習内容	指導上の留意点
導入	**3校時目** ○2004年5月29日のニュース映像を見る ・襲撃された車の様子 ・橋田さんの奥さんの様子	○新聞記事のコピーも準備
展開	○襲撃された状況を知る ○なぜ危険な時間帯に走ったのか ・モハマド君を日本に連れていくため ○橋田さんの奥さんが、日本に治療のためにやってきたモハマド君に会う映像	○なぜ危険な時間帯、アメリカ軍と間違えられる危険な大型車を選んだのかと問いかける
まとめ	○まとめ ○感想を書く	○モハマド君は将来何を考えるだろうかと問いかける

（3）「ヒューマン・ジャーナリスト」山本美香

私事ですが、中学2年の時に縦隔腫瘍という病気で大学病院に入院、手術をしました。そのときの主治医の若い先生に勧められて、ロマン・ロランの『ジャン・クリストフ』全巻を読みました。時間はたっぷりあったので。

中学・高校生がこの大著の真価を分かり切るのは到底無理な話でしょう。しかし、凄いものを読んだという、その感慨は自分の内側にいまだに生きていて、自分の大切な一部になっています。

たとえ、すべてを理解するのは難しくても、自分がその存在をかけて人間と世界に横たわる問題に真っ向からぶつかっていったんだという体験をするだけで、「古典」と呼ばれる書物にぶつかることは、とても意味のあることだと思います。

それは「畏敬」の思いを育てます。

戦後すぐの中学校を卒業して、働きに出た私の母は、いつも勉強したがっていました。その母が、私が『ジャン・クリストフ』を読んでいたのと同じころ、やはりロマン・ロランの『魅せられたる魂』を夢中になって読んでいました。

そのロマン・ロランが実は、第一次世界大戦の時に徹底して反戦思想を貫いたということを知ったのは、恥ずかしながらつい最近のこと。

加藤周一氏によると（注12）、第2次世界大戦については「対ナチズム」という人道主義的な側面があり、連合国側はまとまりやすかったのですが、第1次世界大戦は完全に帝国主義国同士の戦争であり、だから愛国心のための戦争になりやすかったとのこと。そのような時、フランスやドイツで「戦争反対」を唱えるのは極めて難しかったといいます。

フランスでは、第2インターナショナルの指導者ジャン・ジョーレスが暗殺されて以来、戦争反対勢力はほとんどなくなりました。

その中で、フランス・ドイツを超えて反戦を唱えるロマン・ロランはフランス国内の反ロラン的雰囲気により、出国していたスイスから帰国できなくなります。

イギリスでは、バートランド・ラッセルが反戦の立場を明確にしますが、彼も投獄されます。

ロランの考えはこうでした。

フランスなり、ドイツなりが、自国の価値・伝統・思想に重きを置こうとすると、それは他国とのあいだに対立を呼びます。それは「特殊主義」です。

ロランはその特殊主義を超えて、フランスにとってもドイツにとっても通用する人間的価値を強調しようとしました。「普遍主義」です。

それを愛国心という集団ヒステリーに対してではなく、冷静な理性に訴えようとしました。

そのために、ヨーロッパの文化人・思想家のみならず、タゴールやガンジーらとも交流、東洋の文化や哲学に対しても深い理解を示していきます。

彼はガンジーも、ただ研究したのではなく、ガンジーから学んだのです。

当時のヨーロッパ人としては稀有な、思想家・作家・詩人として偉大だったロマン・ロランでしたが、どんな素晴らしい人でもないものはあります、ロランにもないものが2つあったと加藤氏は続けます。

1つは、なぜ戦争が起こるかという、社会構造の分析、つまり社会科学がない。

2つは、理性に訴えるというが、実際に戦争している人たちをどう説得して、戦争をやめさせるか、戦争の勃発をどう防ぐのかという戦略論がない。

前述の橋田信介さんのVTRを見ての生徒の感想の中で

「どうして戦争なんか続いているのか不思議です。戦争をして幸せになる人は一人もいないのに」

という文章がありました。

素直な思いの発露で、それ自体は健全です。

同時に、このような感想を見るたびに、中学校社会科には、戦争が起きる社会構造の分析と、戦争をどう防ぎ、やめさせるかの戦略論が足りていないとつくづく思わされます。

中学3年の公民的分野で戦争が起きる社会構造として、資本主義の仕組みを学ぶことになりますが、教科書の内容は表面的・現状肯定的で、社会科学とまではいえません。公民を学ぶまでに、ロマン・ロランにも足らなかったこの2つのものを、生徒にどう身に付けてもらうか、意識しながら授業をしていくことが、資本主義の歪みが次々に噴出してくる今だからこそ重要になってくると考えます。

加藤氏は、レーニンがマルクス主義の立場から分析した名著『資本主義の最高段階としての帝国主義（帝国主義論）』こそが社会構造の分析の白眉であり、戦略論であったと語っています。その実践が、1917年のロシア革命と対ドイツ即時停戦でした。

その意味では、「山本美香」を取り上げることは、「普遍主義」に基づいて理性に訴えるということに過ぎないかもしれません。その時は情感豊かに感じるものがあっても、次にどう行動していけるかはまた次の話になります。

それでもなお、その劇的な展開ゆえに「山本美香」を取り上げたいと思いました（後の話になりますが、3年間の授業の中で、この授業に最も大きなインパクトを受けたという生徒は多くいました）。

橋田信介さんを取り上げた授業の中で、バグダッド市内のパレスチナホテルがアメリカ軍の戦車によって砲撃され、ロイター通信の記者が犠牲になったニュースについて触れました。

その時に悲鳴を上げていた日本人女性ジャーナリストが彼女。

しかし、それから10年たたないうちに、彼女は「戦場ジャーナリスト」から見事な「ヒューマン・ジャーナリスト」（父親の言葉）になっていったのでした。

［4校時目］

ドキュメント12「戦場に咲いた小さな花・山本美香という生き方」を視聴

○番組内容

・２００３年3月イラク戦争開戦時の、アメリカ軍によるバグダッド空爆の様子。続けて、２０１２年8月20日、シリア北部の都市アレッポでの山本美香さん最後の瞬間。

・山本美香さんは山梨県都留市に生まれた。父が新聞記者だったこともあり、マスコミ関係の仕事を目指す。最初の取材は１９９１年の長崎県雲仙普賢岳の噴火だった。

被災した人たちを取材しようとするが、極限状態の被災者の心にまで触れることが出来ず、取材相手の心に寄り添う事の大切さを知る。

デスクワークばかりの仕事を嫌い、ジャパンプレスの佐藤和孝氏と共に戦場取材を始める。最初の戦場取材は１９９６年のアフガニスタン内戦。29歳の時だった。

男女の区別が厳しいイスラム社会で、女性ジャーナリストだからこそできることがあると、内戦下でつましい生活を営む女性・子どもたちの姿を中心に取材。

タリバン政権のもと、大学で学ぶことを禁じられた女子大生たちがひそかに英語を学び合っている姿を目撃、その凛とした姿に心打たれる。

その後、1998年パキスタンでの女性虐待、2000年にはチェチェンで女性、子どもたちの声を伝えようとしていた。

・2001年9月11日には、山本美香はアフガニスタンにいた。

そして2003年3月20日、アメリカによるイラク首都バグダッドへの空爆が始まったまさにその瞬間、山本と佐藤はその場所にいた。

日本のオフィスの山本の机の上には、「外国人ジャーナリストがいることで、最悪の事態を防ぐことができる。抑止力。」と書かれたメモがあった。

・開戦20日目。

ホテルの山本たちの隣室で取材していたロイターの記者が、アメリカ戦車の砲撃を受ける。直撃弾を受けて苦しむ記者。仲間の死。

怒りと悲しみのあまり、涙を流しながら「ちくしょう」と呻く山本美香。

・フセイン政権崩壊後、帰国した山本美香は早稲田大学などで、若い世代へ戦争の実態を伝え始めようとする。

2011年3月11日、東日本大震災発生。山本は9日目に現地に入り、日本にも戦場があったことを知る。

福島第一原発爆発により、故郷を失い、避難生活を余儀なくされた一組の母と娘。その姿は、紛争により故郷を追われた人々と容易に重なった。

その痛みを多くの人々に知ってもらうため、これから数年はかかるはずの取材を受け入れるその母親だったが……山本の死を知った母親はつぶやく。

「なぜ山本さんだったんでしょうかねえ」
・2012年8月20日。
シリア・アレッポでは政府軍と反政府軍が激しい市街戦を繰り広げ、政府軍は一般市民に無差別空爆を加えていた。

アパートのベランダや窓から顔をのぞかせる女性や子供の姿を見て、

「あれほどの空爆が続いているのに、人が生活しています」

と撮影しながらレポートする山本。

赤ちゃんを連れた家族に「かわいい！」と声をかける。

次の瞬間、数発の銃声が聴こえ、画面が下に落ちる。

山梨県都留市の自宅にアレッポからの佐藤和孝氏の国際電話が入る。

その銃撃の様子を聞き、絶句し、慟哭するご両親。

葬儀の日、お母さんは棺の中に本人が好きだったツユクサの花を入れた。

山本は講演会で、日本の高校生たちにこのように語っていた

「自分たちだけ平和で安心して豊かだったらそれでいい、実はそんなことはないんです。皆さんは大人になって自分たちの子どもを持った時にも、平和だな、そう思えるように皆さんが考えていく、それが重要なことなんだなと思っています」

「世界で起こる理不尽な出来事を無くすために、どうか眼をつぶらないでほしい」（注13）

身じろぎもせず、見入る生徒たち。

＊

〈生徒たちの感想〉

「『戦争の愚かさを伝えたい』『今起こっているこの状況を伝えたい』という一心で戦場に赴いた山本さんは、本当に素晴らしい人だなと思いました。

まだ世界に知られていない戦争の情報を伝えるのは、非常に危険な事だと思います。しかし、『伝える人』は必ず必要です。山本さんのおかげで、僕はこういったことに目を向けて知ることができました。本当に感謝したいです。

山本さんが亡くなり、本当に悲しくなりました。

僕もこういう素晴らしい人になりたいです。そして、こういったことが二度と起こらないよう、平和のために何ができるか、何をすべきか考えたいです」

（3年　S・M　男）

「山本美香さんを初めは『強い女性なのかな』と思っていましたが、考えが変わりました。『強い意志、決意を持った人間』という印象になりました。

同じ仕事をしているジャーナリストが砲撃されて死んでしまった時は『ちくしょう』と泣き、それでも現地でジャーナリストとして活動を続ける彼女を美しいなと思いました。

カメラの前の彼女は、毎回笑顔で地元の人と接していました。子どもも、大人も、山本美香さんの前で笑顔になっていました。

もしかしたら、山本美香さんの活動をきっかけにジャーナリストになろうと決意した人が世界に、日本に何人かいるかもしれません。私は山本美香さんを誇りに思います」

（3年　S・M　女）

「最初はなぜ、命を危険にしてまで取材をするのかなこの人、それに家族なら止めるべきでしょうとか思いました。

でも、ビデオを最後まで見届けた瞬間、やっと『山本美香』という人の考え方が分かった気がします。

彼女は、戦争という憎しみや悲しみ、そしてその場所にも小さな命が必死で隠れながら生きているということを私たちに伝えたかったのです」（3年　U・S　女　インドネシアから来て半年）

［5校時目］

前時の「戦場に咲いた小さな花・山本美香という生き方」の感想のいくつかを紹介して読んだあと、翌年の8月に放映されたNHKの番組のうち、最後の13分を視聴します。

山本美香さんの最後の取材地となったシリア・アレッポの激戦の様子と、そこで山本美香さんが伝えようとしたことは何だったのか、ヨルダンに作られた難民キャンプを訪ねて歩く女優・満島ひかり。

僕らがこれから「山本美香の生き方」から何を受けとめていけば良いのか、を考え、深めることができる映像だと思いました。（注14）

NHK「それでもジャーナリストは戦場に立つ」2013年8月16日放映

山本美香さん（山本美香記念財団　提供）

○番組内容

2012年シリア。

取材中転んでしまった山本美香。

「人と見ると見境なく撃ってくる、極めて危険な状況です」と銃弾が飛び交う中を語る安田純平（最近反政府ゲリラに捕えられ、身の安否が案じられていた安田さんは、この時やはり反政府組織の一つ、自由シリア軍と行動を共にしていた）。

8月20日アレッポ。

内戦の中で生きる人々を一人でも多く映そうと、山本美香はカメラを回し続けていた。その時、何者かが突如発砲した。

45歳。志半ばで命を落とした。

女優満島ひかり。

山本美香が最後まで伝えようとしたシリアの人々の想いを少しでも知りたいと、隣国ヨルダンに設営されたザータリ難民キャンプを訪れる。このキャンプには、毎日600人がシリアから戦禍を逃れてやって来ていた。8割が女性と子供だった。

満島は、1週間前に来たばかりだという10歳の少年アクラムに彼の家族を紹介してもらう。22人の一族は、夜中に歩いて、2日かけて辿りついた。若者はシリアで戦っている。

アクラムの父は近所の女性を助けようとしたところを空爆されて亡くなった。

その父の遺体をスマホで見て、言葉を失う満島。

町を歩く満島の姿の背後に流れるナレーション。

「目をそらしても、現実が変わるわけではない。そうであるなら、目を凝らして耳を澄ませば、今まで見えなかったこと、聴こえなかったことに気づくだろう」（『ぼくの村は戦場だった。』山本美香著より）

「戦場で何が起きているのか伝えることで、時間がかかるかも知れないが、いつの日か何かが変わるかもしれない。そう信じて紛争地を歩いている」

母や弟たちの面倒も見ている長男のアクラム。

一番欲しいものは何ですかと問われて、

「お父さんです」

と答える。

「シリアで起こったことを心配してくれてどうもありがとう。シリアに帰れたら、家にご飯を食べにきてください」

砂漠にたたずむ満島のモノローグ。

「彼らが私に託したもの、その重さに戸惑いを感じている。もし私が伝えなければ、アクラムたちが必死に私たちに語ってくれた言葉は国境を越えることもなく、誰の所にも届かない」

山本美香は亡くなる3か月前、日本の学生たちにこう語っている。

「何か解決策はないのかと考える。思いやりのある優しい人になってください」

シリアで一人の男性ジャーナリストが瓦礫の街を歩き、こう語る。

「砲弾の音は、私たちがこういう風に歩いていても、常に聴こえてきます」

最後、沢田教一、橋田信介、山本美香さんらのジャーナリストたちの写真が現れてくる中、出てくるテロップの言葉。

「戦後、紛争地で命を落とした日本人ジャーナリストは21人」

＊

最後に生徒に尋ねます。

「最後の方で、砲弾の音が聴こえますと言っていた男の人がいたね。

あの人、誰だか分かる？

そう、後藤健二さんです。

2015年を過ぎて、だから紛争地で命を落とした日本人ジャーナリストは後藤さんで22人になりました」

（日本政府の放置もあって、2015年1月、後藤健二さんはイスラム国ISの手によって処刑されました）

	学習内容	指導上の留意点
導入	**4校時目** ○ジャーナリスト山本美香さんのことについて知る ・アメリカ戦車砲撃時に居合わせた女性ジャーナリスト ・2012年銃撃により死亡	○シリア情勢に簡単に触れる
展開	○ドキュメント「戦場に咲いた小さな花・山本美香という生き方」視聴	
まとめ	○まとめ ○感想を書く	
導入	**5校時目** ○前時の感想の紹介 ○銃撃時の新聞記事を見る	
展開	○NHK「それでもジャーナリストは戦場に立つ」後半を視聴	
まとめ	○山本美香さんが伝えようとしたことは何だったのか、考える ○後藤健二さんについて聴く ○感想を書く	

（4）スティーヴィ・ワンダーとキング牧師
——アメリカの黒人問題——

1．ケン・ジョセフ氏の言葉から

民間ボランティア組織「アガペ・ハウス」主宰のケン・ジョセフ氏の著書『だいじょうぶ日本』のなかに大略こんな箇所があります。

1989年のサン・フランシスコ大地震の際、ジョセフ氏は日本の大学生を募り、40名ほどで現地に救援に行った。そこで身を粉にして活動した学生たちに対して、アメリカ現地の人々は感謝を惜しむことがなかった。

その夜、学生たちは「おれ、人にこんなに喜んでもらったのって生まれて初めてだよ」と涙ながらに語った。

ジョセフ氏はそれを聞いてああ良かったなと思うと同時に、自分のしたことを人に喜んでもらって嬉しいと感ずる心が間違いなく自分の中にあることを、この青年たちは大人になるまで体験してこなかった、いや体験させてもらえなかったことを思って悲しくなる。その責任は私たち大人にあると。（注15）

もし、人に喜んでもらうことを喜べる心を取り戻すことが、人として生きる最も大切なことの一つであるとすれば、教育はそのために奉仕して然るべきではないかと考えます。

2. 私自身の感動から教材化へ

これは、中学1年世界地理「アメリカ合衆国」の黒人問題の単元の記録です。結果として黒人ポピュラー歌手スティーヴィ・ワンダーを励まそうということになり、上記ケン・ジョセフ氏の文章を思い出すに至ったのですが、初めからそんな大それたことを考えて授業案を練ったのではありません。最初はただ私自身の興味と感動からスタートしたのです。

○私は中学生のころからジャズやR&B、ソウル・ミュージックなど黒人たちの作り出す音楽が大好きで、人間としての深さを湛えたような魅力にひかれていました。いまでも、この時期の黒人音楽以上に心を熱くしてくれる音楽はそうはないのではないかと思っています。当然、その音楽を産み出した黒人の歴史に眼が開かれてゆくことになります。

○以前、NHK教育テレビでアメリカWGBH製作のドキュメンタリー「アメリカ公民権運動」が放映されました。そこでは黒人の権利を求めての闘いが実に生き生きと描かれており、キング牧師の演説など時を越えて心を揺さぶるものがありました。これを教材にして授業を構成してみたいと考えました。

3．授業記録

【1校時目】誰への『ハッピー・バースデイ』か

Ｔ．今日はちょっといい音楽を聴かせてあげよう。

（と、スティーヴィ・ワンダーの『ハッピー・バースデイ』をＣＤで流す。音が聴こえてくると子どもたちはどよめく。先生、こんな音楽を知っているのかという雰囲気。３分ほどでフェード・アウト）

Ｔ．今の曲、聴いたことのある人？

Ｃ．……。

Ｔ．曲名わかる？　曲の中で歌っていたけど。そう、『ハッピー・バースデイ』というんだね。（板書）じゃあ、誰が歌っているか知っている人？

Ｃ．……。

Ｔ．教えてあげます。はい、これ！

（といってＬＰ『ホッター・ザン・ジュライ』を見せる。ジャケット一杯にスティーヴィの顔のイラストが描かれている。視覚的にＣＤよりレコードの方が良い）

誰だ？

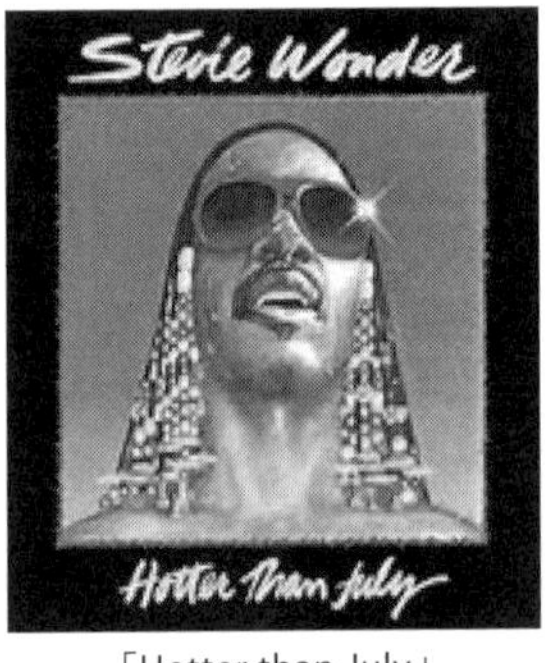

「Hotter than July」
（1980年、Motown）

C. スティーヴィ・ワンダー！（数人）

T. そう、スティーヴィ・ワンダーという人だね。この人の名前聞いたことある人？（数人手を挙げる。）

この人、なに人ですか、このジャケットの絵でわかるね？

C. 黒人！

T. そう、黒人だね。この人は生まれた時から眼が見えなくて、そのせいもあってか音楽が大好きでね、7歳くらいから自分で曲を作り始めて、13歳でアメリカで№1になったヒットソングを作ったりしました。それからもう40年間くらい、アメリカの黒人のスーパー・スターです。

さて、みんなに質問。いまの曲の題名は『ハッピー・バースデイ』だっていったね、どういう意味？

C. 誕生日おめでとう！

T. では、スティーヴィ・ワンダーは誰の誕生日をお祝いしてこの曲を歌ったのでしょう？

C. 自分！　恋人！　アメリカの大統領！

T. さあて、いったい誰の誕生日を祝っているのかを知っていくのがこの授業の目的です。さあ、いいかな？

まず、アメリカに住んでいる人たちのことです。もともとアメリカに住んでいたのは誰だったっけ？

C. インディアン。（先に学習済み）

T. そうだね。そしてイギリス人がやって来て植民地を作り、独立とともにインディアンを追いやった。

その後です、ヨーロッパの人々が自由と平等を求めて次々に移民としてやって来て、さらに中国や韓国や日本の人までもどんどんやって来た。その人たちを全て受け入れたんだから、アメリカも凄い国だね。「人種のるつぼ」あるいは「人種のサラダ・ボール」といわれています。

ところが今アメリカに住んでいる人たちで唯一無理矢理連れてこられた人たちがいます。覚えているかな？

C. 黒人！

T. そうでした。現在、全人口の10％、2600万人ほどが黒人なんだけど、その先祖はアフリカから奴隷として連れて来られました。その数、6000万とも1億ともいわれていて、それがアフリカの衰退の原因になったともいったよね。

（ここで資料プリント配布。黒人奴隷入荷の広告と奴隷市場の様子を見ながら、連れて来られた黒人たちが南部の綿花畑で働かされたことを話す。その労働の様子と白人奴隷主の奴隷の扱いとを子どもたちに読ませる）（注16）

T．最後、１８６３年にアメリカの第16代大統領が奴隷解放宣言をする……そう、リンカーンだね、黒人たちは奴隷ではなくやっと自由な身分になります。その時の南部の黒人たちの人

「黒人奴隷」入荷の広告

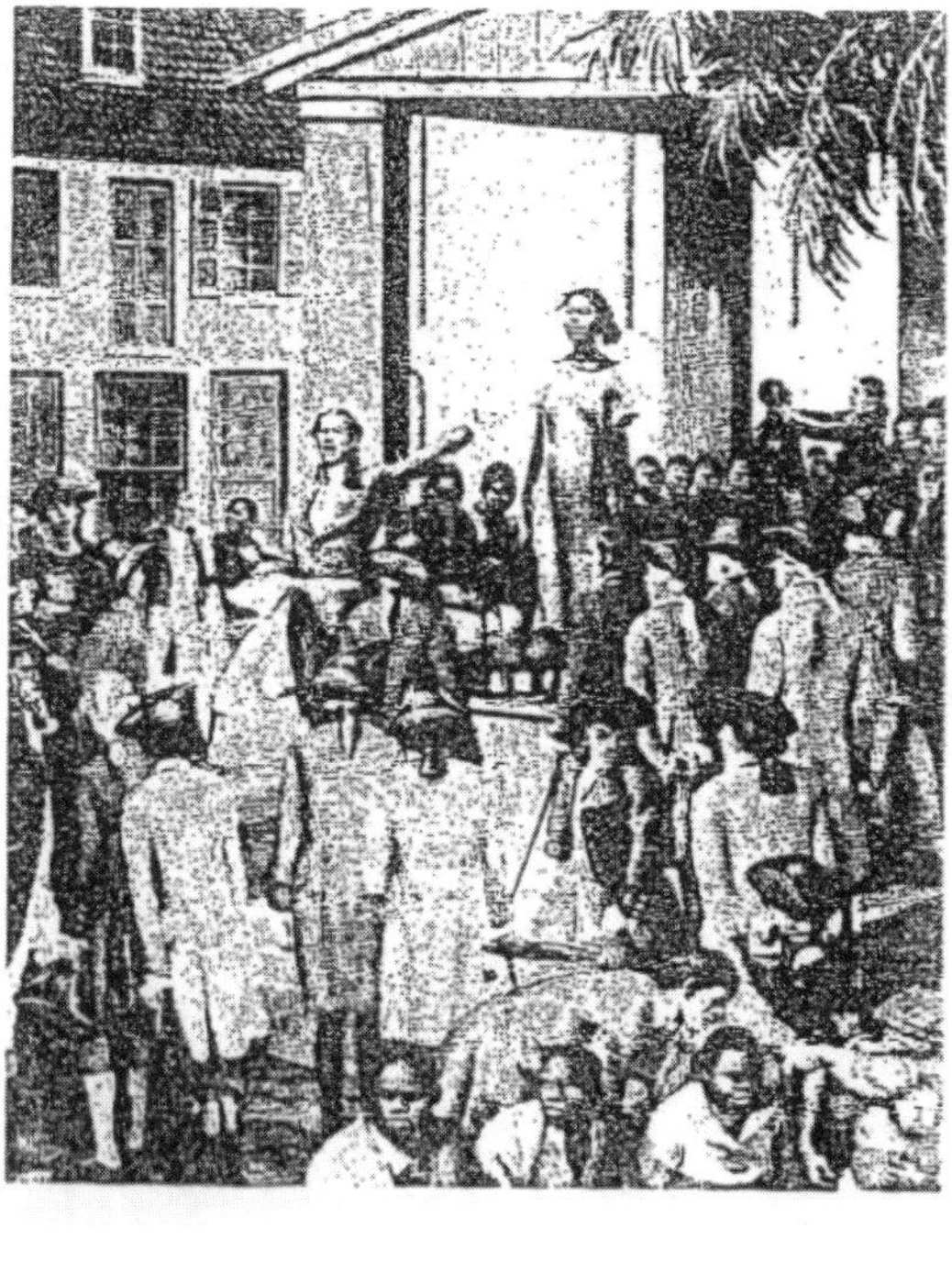

◀奴隷市場で、牛馬のように販売される黒人奴隷たち。

口は420万人でした。
　さあ、自由の身になって黒人たちは幸せになれただろうか？　なれたと思う人？

［2校時目］キング牧師の誕生日、国民の祝日になる

T．身分としてはもう奴隷ではなく自由になれたんだけど、社会や制度はそれまでと同じだったし、働く場所も以前と同じでした。
　それどころか、いままで奴隷だったのに俺たちと同じになるなんてと白人は黒人を余計憎んでゆきます。あらゆる公共施設、バスとか学校とか食堂とか、公園のベンチまでもが別々にされたんだよ。
　法律がないのなら俺たちが法律になるという白人たちも多く現れ、気に入らない黒人がいると次々にリンチしてゆきました。プリントの資料がその様子です。（注16）
　19世紀末の30年間で2千人がこうして殺されたそうです。殺した白人はみな無罪となりました。これは殺された黒人の写真です。（写真集『ザ・ベスト・オヴ・ライフ』141ページの大きな写真を見せる。子どもたちの眼は釘付けとなる。）（注17）
　こういう状態がずっと第二次世界大戦まで続いたんだね。
C．……。（沈黙）
T．それが変わる大きなきっかけとなる出来事が1955年12月1日、アラバマ州モントゴメ

リーという町で起こりました。地図帳で場所を確認してみよう。

この日、黒人女性ローザ・パークスさんは仕事に疲れてバスの前方の席に座りました。そこは白人席で黒人は後方に座らなければならなかったんだけど、バスはガラガラだったんだね。そのローザさんを見て白人の運転手が席を移れと言いました。ローザさんは断りました。体も疲れていたんだけども、それ以上に差別されることに疲れていたんだそうです。

すると運転手は警官を呼んで彼女を逮捕させてしまった。

それだけのことで逮捕するなんてと、その町の5万人の黒人たちは怒りました。でも暴力に訴えるのはいけないと、全黒人がバスを使わないことにしました。バスのボイコットだね。バスのお客は白人より、貧しい黒人の方が遥かに多かった。バスは毎日ガラガラで走り、黒人たちは職場まで歩いたり、タクシーや自家用車で相乗りして一年間頑張った。そしてとうとう、バスの席を白人・黒人で別にするのは憲法違反だとする最高裁判所の判決を手にしました。黒人の勝利です。

そのバスのボイコットを考え、指示した黒人のリーダーがこの人です。（キング牧師の写真を見せる）

この人はマーティン・ルーサー・キング牧師といいます。

やはり差別の厳しい南部に生まれ、小さな時から苦労をしました。でもやがて、マハトマ・ガンジーを尊敬するようになりました。ガンジーってどんな抗議の仕方したっけ？

C. 非暴力主義。（この日のためにインドで学習済み）

T. そう、キング牧師は白人に抵抗してゆく時も決して暴力は使わなかった。たとえ白人に暴力を振るわれてもね。

VTR（前述の番組から1965年のセルマからモントゴメリーへの行進の様子を視聴。白人警官に暴力を振るわれる）

T. デモ行進をしていた黒人たち、手はどこにあった？

C. ポケットに入れていたかな……。

T. そう、ポケットに入れていたか、隣の人と手を握り合っていたかだね。どうして？

C. ……手を使わないように？

T. そう、手を自由にしておくと白人たちに殴りかかられた時にとっさに自分も殴ってしまうかもしれない。それを防ぐためだね。

殴られても殴られても黙って耐えて正義を求め続ける。最後に白人は殴っている自分がいかに人間として醜く、黙って殴られ続けている黒人の方がいかに立派かわかってしまう。キング牧師の狙いもそこにあったんです。でもこれって命がけだね。

その頃の演説の様子を見てみよう。

VTR（1963年8月「ワシントン大行進」での演説）

T.「私には夢がある」という有名な演説なんだけど、白人をやっつけようではなく、白人と手を取り合って生きてゆきたいといっていたよね。ただ単に白人を憎んでいたわけじゃない。そんなキング牧師に1964年ノーベル平和賞が贈られます。全黒人が喜びます。

〈資料4〉

「わたしには夢があります。それは、いつの日か、ジョージアの赤い丘のうえで、かつての奴隷《どれい》の息子《むすこ》たちと、奴隷を使っていた白人の息子たちがいっしょに、ひとつテーブルで兄弟《きょうだい》のように食事ができるようになればいいのに、という夢です。

わたしには夢があります。それは、ひどい砂漠《さばく》があるあのミシシッピ州までも、自由と正義《せいぎ》の土地になればいいのに、という夢です。

わたしには夢があります。それは、わたしの四人の子どもたちが、肌《はだ》の色ではなく、その人がらではんだんされるような国に住めるようになればいいのに、という夢です……その国では、黒人の子どもと白人の子どもが手に手をとって、兄弟のようにいっしょに歩くことができるのです。

そんな日がきっとくるでしょう。そして、神のすべての子どもが、『自由の鐘《かね》をうちならせ』という歌を、いまとちがった気持ちでうたえることでしょう。すべての小さな街や、小さな村や、すべての州や、すべての都市で、自由の鐘をうちならすことができれば、すべての神の子どもが、黒人も白人も、いっしょに手に手をとって、むかしからつたわっている黒人の歌をうたうことのできる日がはやくやってくることでしょう。『やっと、やっと自由になれました。偉大《いだい》なる神よ。わたしたちは自由になれました！』という歌を」

演説するキング牧師

が、１９６８年4月4日、キング牧師は一人の白人によってライフルで撃たれ暗殺されます。39歳の若さでした。アメリカ中の黒人が泣きました。

C．……。（沈黙）

T．その後、キング牧師のように自分を捨てて人のために尽くそうとした人がいたことを全人類は忘れるべきじゃないんじゃないかという動きが出て、キング牧師の誕生日を国民の祝日にしようという運動になってゆきました。

それを歌にしたのが……

C．スティーヴィ・ワンダー！

T．その通り！　これでスティーヴィ・ワンダーが誰に対して「ハッピー・バースデイ」といったのかわかるね。じゃあ、その気持ちを感じながらこの曲のＶＴＲを見てみましょう。

（歌詞カード配布）

ＶＴＲ（１９８1年3月日本公演時の映像から約10分を視聴）

T．この公演のあと、キング牧師の誕生日1月15日はとうとうアメリカの国民の休日になりました。では、感想を書いて下さい。

＊

〈生徒たちの感想〉

「自分の身を危険にさらしながらも、いつもデモの最前列に立っていたキング牧師は、人類というか、人間として最高の人だと思いました。

『暴力では何も解決しない』ことを一番良く分かっていたから、どんなにつらい目にあっても乗り越えて、しかもその彼の姿を見ている人が沢山いたから、多くの人々が人種の壁を越えて彼についてきたのだと思います。

改めて素晴らしい人だと思いました」

（3年　S・M　女子）

「私はこの授業を受けてとても感動しました。キング牧師は本当に凄いことをしたんだなと思いました。

でも、黒人が差別を受けている姿は悲しくて、苦しくて、見ている方もとても辛かったです。

黒人のほうが勇気があると思わせるまで、ずっと殴られ続けるのは凄いやり方だと思いました。

スティーヴィ・ワンダーのHappy Birthdayはとても感動して、ビデオを見ていると時々キング牧師の顔とか出て来て、本気で泣きそうになりました。とても心に響く授業でした」

（3年　M・Y　女子）

【3校時目】『ウィ・アー・ザ・ワールド』

1982年頃のアフリカ飢餓救済キャンペーンのはしりになったVTR『ウィ・アー・ザ・ワールド』メイキングを33分に編集して視聴。特にスティーヴィ・ワンダーを始めとする人たちが、アフリカ黒人に何を思いこのレコード作りに参加したかに意識を向けさせました。

4．子どもの心に「何か」を残す授業を

社会科の授業がただの知識の獲得に終わらず、自分たちもこの社会を良くすることに一役買っているのだという実感を得る場に何とかならないだろうかとずっと考えてきました。

アメリカ黒人や第三世界の抑圧された人々について学んでも、あの人たちはかわいそう、私たちは幸せで良かったで終わるか、ユニセフへの募金で一件落着してしまいます。

その意味で『ウィ・アー・ザ・ワールド』の使い方は難しいです。「困っている人を助けよう」と呼びかけるチャリティの善意の中にある「上から目線」には気をつけたいと思いますが、ここでは「願い」に基づいて作られた音楽の持つ力について感じてもらいたいと思い、取り上げることにしました。

無論すぐに問題を解決することはできなくとも、子どもたちの心のなかにその人たちが住み、他人事でなくなってしまうような深い人間的な共感を育てることはできないでしょうか。

それはただ抑圧されている人たちのためというより、他の存在との絆を取り戻すことこそ私たち自身、子どもたち自身の真の幸福のために急務であると思うからです。

＊

単元名「世界地理・アメリカ合衆国」（6時間扱い）
［1校時］　アメリカ合衆国の概要と成り立ち
［2校時］　アメリカ合衆国の農業
［3校時］　アメリカ合衆国の工業
【4校時】　アメリカ合衆国の人種問題（1校時目）
【5校時】　　　〃　　　（2校時目）
【6校時】　VTR『ウィ・アー・ザ・ワールド』（3校時目）

	学習内容	指導上の留意点
導入	1校時目 ○スティーヴィ・ワンダー『ハッピー・バースデー』を聴き、誰の誕生日を祝ったものか、考える	○自由に発言させる
展開	○アメリカは移民による国 「人種のサラダボール」と言われる ○唯一、無理やり連れてこられた黒人 どのような生活をしたかを知る ○リンカーンによる奴隷解放宣言	○資料・奴隷市場の様子 綿花畑での労働 奴隷主の暴力 ○リンカーンの人生にも少し触れる
まとめ	○アメリカの黒人は幸せになれたかを考える	○次時考えてみようと予告

	学習内容	指導上の留意点
導入	**２校時目** ○前時の続き 奴隷解放宣言によって黒人は幸せになれたかを考える。	○「では資料を見てみましょう」
展開	○白人による黒人に対するリンチのようす ○１９５５年ローザ・パークスさん キング牧師のバス・ボイコットについて知る ○非暴力による黒人差別撤廃運動 ＶＴＲ「セルマの行進」 「ワシントン大行進」～私には夢がある ○１９６８年暗殺 ○「誕生日を国民の祝日にしよう」という運動 それを歌で行ったのが誰だったか、『ハッピー・バースデイ』を思い出す	○資料・リンチの様子 ・ライフ写真集から 「リンチされ殺された黒人」 ○資料・プリント 「私には夢がある」の最後の部分 ○ＶＴＲ　スティーヴィ・ワンダー武道館公演１９８１年
まとめ	○アメリカ黒人の歴史を学んでの感想を書く	

	学習内容	指導上の留意点
導入	**3校時目** ○前時の感想文を紹介 ○「願い」を持った音楽の力について考える ○アフリカの飢餓と『ウィ・アー・ザ・ワールド』について紹介	
展開	○メイキング『ウィ・アー・ザ・ワールド』を視聴　約30分	○ミュージシャンの名前を確認しながら視聴
まとめ	○音楽の持つ力について、考える ○感想文記入	○チャリティや寄付をすることは尊いけれど、それで終わりにはしたくないよねと一言述べる

第二章
「願い」について考える授業

「将来、どんなことをやりたいの?」と尋ねても「別に」「やりたいことなんかない」と答える生徒が年々増えてきました。

それでも「願い」を生きようとした人々に生徒たちも感応します。

それが、内なる中心軸を育ててゆきます。

（1）マハトマ・ガンジー

9・11の同時多発テロ以降、アメリカによるアフガニスタン報復攻撃、イラク攻撃、そしてそのアメリカのやり方に範を取っているイスラエルによるパレスチナ・ガザ攻撃、2006年7月から始まったレバノン侵攻、その後のシリア内戦と、世界には「力の論理」が横行しています。それは国際情勢のみならず、日本の社会・経済・文化をも覆い尽くしているように見えます。

評論家の鶴見俊輔氏はダグラス・ラミス氏との対談の中で、そのような状況を「まるで20世紀にガンジーという人が出現したことを完全に忘れたかのよう」（注1）と表現しました。

ガンジーの思想を「非暴力・不服従主義」という言葉ではなく、実感として子供たちに体験させたいと思います。

世界地理で2時間を「インド」に充てますが、それはこの目的のためです。

【1校時目】

○インドの場所・面積（世界第7位）・人口（世界第7位）

人口がこの60年間でどれほど増加していったか。「人口爆発」という言葉。
○インド旅行した時に、インドでは「永遠が見える」という感覚で大好きになったが、同時に体験した貧富の差の激しさの実感を話す。
豊かな人は王侯の宮殿に住むなど、日本では考えられないくらいの豊かさ。
だが、外を歩くとあっという間に物乞いの人たち20人ぐらいに取り囲まれる。
冬なら翌朝には凍死しているかもしれない路上生活者やスラムの様子。
○今は世界有数のＩＴ大国でもあります。
○かつてはインダス文明も栄え、仏教も起きた豊かな大地だったが、何故それほど貧しさに苦しむようになったのか。
・アーリア人がインダス文明を滅ぼした時に作った身分制度（カースト制）の名残が、職業決定にも影響を与えている。
・19世紀にイギリスが侵出、インドを完全植民地化し、インドの豊かさを奪い取っていったこと。19世紀１００年間のインドでの餓死者数２０００万人。
○もちろん、イギリスからの独立運動（セポイの蜂起を含めて）は多く起こったが、全てイギリスの世界最強の武力によって弾圧され、20世紀に入って一人の指導者が現れるのを待たねばならなかった。
その指導者の名はマハトマ・ガンジー。

「マハトマ」とは本名ではなく愛称で、「偉大な魂」という意味。

○ガンジーはイギリスに対してどんな闘い方をしたのか。
ある時、ガンジーとその仲間たちは塩の工場を襲った。塩は人間にとって欠くべからざる物、その塩の生産・販売をイギリスは独占していた。その工場を襲うというのは、イギリスに対する強力な異議申し立てとなる。

T．みんな塩の工場を「襲う」というのはどんなイメージ？
　銃や大砲などで襲う？
　ところがガンジーの襲い方は普通の襲い方とは全く違っていました。
　その出来事を映画で取り上げられたシーンを通して見て下さい。

映画『ガンジー』監督リチャード・アッテンボロー、主演ベン・キングズレーより、塩の工場を襲う場面約5分視聴。（注2）

T．こんな襲い方でした。
C．えー、何？
T．訳がわからない？
　ちょっとまとめてみましょうか。

まず200人はいたね、仲間で6~7人ずつ列を作る。脇では女性たちが医薬品を揃えて救助の準備をしている。

第1列目の6~7人が、兵士たちが護衛している工場に向かって一歩一歩進んでゆく。もちろん武器も何も持っていないね。兵士たちが静止しても止まらない。

兵士たちは手にしている棍棒でガンジーの仲間たちを打ちすえる。倒れる。

すると女性たちが倒れた人たちをズルズルと脇に引っ張っていって治療する。治療を終えて動ける人はまた列の最後につく。

次に第2列目がやってくる。また殴られる。また女性たちがズルズルと引っ張る。その次に第3列目がやってくる。また殴られて、またズルズルと引っ張られて……次に4列目、5列目とそれを夜まで続けたと言うんだね。

T.C. えーっ

何だろう？　これは？

殴っているイギリス側の護衛兵から考えてみよう。

最初のうちは無抵抗のガンジーの仲間たちを容赦なく殴っている。

でも殴っても殴っても顔をピッと上げて毅然とした態度でやってくる人々に対して――中には包帯に血を滲ませている人たちもいるでしょう――

「暴力で、武器を持って殴っている自分たちよりも、殴られても殴られても顔を上げてやってくるこの人たちの方が勇気がある」といつしか思い始めてしまう。そう思ってしまうまで、ガンジー達は列を作って殴られにいく。

でもそれは彼らにとっては、1つ間違えて打ち所が悪ければ命を落とす、非常に勇気のいることだね。

C. ……。

T. この場面では、ガンジー自身は逮捕されていていなかったけど、このような運動を率先してやったんです。

「非暴力・不服従主義」というのはただ単に受身的にされるままにされるというものではないね。非常に積極的な意志を伴う運動だった訳です。

このような運動を考えたガンジーとは一体どんな人だったのか、次の時間に映像を見ながら考えましょう。

（この時間の話はこの後のアメリカ合州国のキング牧師の授業に直接つながっていきます）

＊

［2校時目］

「知ってるつもり?!　マハトマ・ガンジー」視聴

番組内容

「あなたは銃を向けられ奴隷になれと言われたらどうしますか?

武器を持って立ち上がる。

言われるままに奴隷になる。

だが、このどちらでもない第3の道があった。

インド独立の父、マハトマ・ガンジー。彼が唱えた非暴力・不服従こそ、第3の道だった。

彼の葬儀に集まった数え切れないほどのインド民衆。彼らはいつまでもガンジーの側を離れようとしなかった。

それを見たアメリカのジャーナリストは思わずこう漏らさざるを得なかった。

『なぜガンジーはこんなにも多くの人々の心を引きつけていたのだろうか。ガンジーは奇跡の人だ』


ガンジーが、イギリスで弁護士の資格を取ったのち、在留インド人のために南アフリカに旅立ったのが24才の時。ここでガンジーは初めて人種差別の厳しい実態に触れる。

列車の一等に乗車していたら荷物もろとも次の駅で追い出される。道を歩いていたら警官にここは白人専用だと殴られる。宿に泊まろうとしても有色人種お断りの所ばかり。

南アフリカでは15万人の出稼ぎのインド人労働者が働いていたが、彼らの権利を守る弁護士が一人もいなかった。ガンジーの弁護士事務所はやがて彼らの駆け込み寺のようになってゆく。

１９０６年南アフリカ政府はパス法（アジア人登録法）を制定。これは移民に対して常に身分証明書を携帯することを義務付けるもので、俗に暗黒法と呼ばれた。

ガンジーはこのパス法に従わないことを宣言、警官と民衆の見ている前でパスを次々に火にくべる。

警官は棍棒で彼を打ちすえ、顔面さえ殴打する。

ガンジーは言った。

「人間の尊厳を侵すこの暗黒法に従うことはできません。彼らは私を殺すことになるかもしれません。しかし彼らは死体は手にできても服従は手にできないのです」

政府はガンジーを何度も投獄するが、釈放される度にパスを燃やし続けた。そのガンジーの様子を見ていた民衆も彼に続き、やがて刑務所はパスを焼いて投獄された人々で一杯となっていった。

ガンジーの孫弟子ナレシ・マントリはこう語る。

「ガンジーは一人に出来ることは万人に出来ると信じていた。何事もまず自分で試してみて、自分にできないことは人にも勧めなかった。だからこそ多くの人が彼に付いていった」

１９１５年、27年振りにインドに帰国したガンジーは既に46才になっていた。

強大な大英帝国に心身ともに支配されるインド３億の民を見たガンジーは労働者にゼネスト

を呼びかけ決行。

更にイギリスが専売していた塩を自分たちの手で作るために約380㎞離れたグジャラートまで塩の行進を行う。それはイギリスに対する異議申し立ての象徴的行動だった。その頃前述したように塩の工場を「襲う」。

次にガンジーはイギリス製品の不買運動を展開、どの家庭にもあった糸引き車を引っ張り出し、インド人の手で織物品を織ることを提案、人々はイギリス製綿織物を次々と焼き払う。

そのさなか、イギリス人がインド人を含む有色人種を差別するのと、インド人がカースト制の最下層である不可触民を差別するのは同じ構造だと言って、彼らを「ハリジャン（神の子）」と呼び、彼らと一緒に住み始めもした。


第二次大戦後、遂にイギリスはインドから撤退、1947年インドは独立を果たす。しかし華やかな独立式典のさなか、ガンジーの姿は無い。

独立を機に、共に独立目指して闘っていたヒンズー教徒とイスラム教徒との対立が再燃、イスラム教国家パキスタンが独立しようとし、自分たちの宗教の国に移動しようとした住民同士が各地で衝突、血を血で洗う惨状となっていた。

ガンジーは単身各地を訪ね、和解の呼び掛けをするが、両者とも聴き入れようとしない。

ガンジーは遂に最後の手段に出る。

流血が止むまでと、死ぬまで続く無期限の断食。

それでも戦火が止む気配は無い。

一人のヒンズー教徒がガンジーのもとへやって来たのは断食5日目のことだった。

「私は私の子供をイスラム教徒に殺され、憎しみのあまりイスラム教徒を虐殺した。今更戦いを止めても神は私を許してはくれない」

ガンジーはこう言った。

「心の地獄から抜け出せる方法が一つだけある。

イスラム教徒の子供を養子として育てるのだ。それもヒンズー教徒に親を殺された子供を育てるのだ」

断食6日目の朝、ついにヒンズー教・イスラム教双方の指導者が話し合いをし、全ての銃声が止む。

その数日後、戦火が止んだ祈りに出て来たガンジーに対してイスラム教徒を敵視する狂信的なヒンズー教徒がピストルを3発発射、「おお、神よ」と呟きながら倒れ込むガンジーの両手はその犯人に向けて合掌されていたという。1948年1月30日ガンジー永眠。

孫アルン・ガンジーの言葉。

「祖父ガンジーはいつもこう語っていました。

我々人間はどこへ行こうとも、

人々の心に平和と非暴力の種を蒔き続けることに
命を捧げなければならない」（注3）

＊

〈生徒たちの感想〉

「戦いといったら武器を使って殴りあうことしか思い浮かばなかったので、ガンジーの全く新しい戦い方にとても驚きました。

ただ殴られ、一切手を出さない。それは武器を使い、争い合う事よりも勇気がいるのではないかと思いました。

ガンジーは殺された時、その銃を撃った人に向かって手を合わせたことについては本当に凄いと思いました。私だったらその人を恨んでいると思います。

今、アメリカが戦争をしているけれども、ガンジーを見習って欲しいと思いました」


（S・R　女）

「私はビデオを見て、ガンジーは何ていい人なんだろうと思った。

自分にできないのはやるなとまるで実験台のようになり、一人で解決しようとするなんて思いやりが無ければ絶対こんな事は出来ないと思った。

『イギリス人達を敵だと思ってはいけない。彼らの考え方が敵なんだ』と言っていたけれど、私がインド人だったら必ず敵だと思っていると思う。ガンジーはそこまで人を信頼しているなんて凄いと思った。

有色人種を差別するところは初めて見たけど、あそこまで酷いとは思わなかった。『有色人種お断り』とか列車から追い出されるなんて良く人々は耐えたなぁと思った」（Y・R　女）

＊

「世界地理・東南アジア～南アジア」（6時間）

［1校時］　東南アジア・南アジアの概略～植民地支配とプランテーション

［2校時］　フィリピンのバナナ

［3校時］　ベトナムと枯葉剤

［4校時］　タイの農村の暮らし　NHKスペシャル「そしてチュちゃんは村を出た」視聴

［5校時］　インドの概略とガンジー（1校時目）

［6校時］　「知ってるつもり?!　ガンジー」視聴（2校時目）

	学習内容	指導上の留意点
導入	**1校時目** ○インドの概要について知る 　面積・人口爆発 ○貧富の差について知る	○具体的な体験談を話す ○インドは現在ＩＴ大国であることにも一言添える
展開	○イギリスが圧倒的な力で植民地支配をしていたことを知る ○独立運動 ○ガンジーの闘い方について考える	○映画「ガンジー」より、塩の工場を襲うシーンを視聴
まとめ	○「非暴力・不服従主義」について知る ○次時ではガンジーの人生について学ぼう	

	導入	展開	まとめ
学習内容	**2校時目** ○ガンジーの「非暴力・不服従主義」がなぜ生まれたのかを考える	○「知ってるつもり?! ガンジー」を視聴	○まとめ ○感想を書く
指導上の留意点		○ガンジーの肉声も聴けることを紹介する	

（2）杉原千畝

教育現場に限らず日本を見回した時、いま一番心配なのは、人間に対する幻滅がとめどなく深くなっていることです。

国民の幸福を考えるべき政治家は自分たちの利益のことを多く考えているかのようですし、利益供与や贈収賄などの疑惑が表沙汰になっても私達国民は「政治家なんてそんなものさ」としか思わなくなります。

その無関心・諦めをいいことに政治家たちは権力のイスに居座り続けます。

「規制緩和」という一見聴こえの良い掛け声の下で、実は政府によって利益追求の枷を外してもらった企業は、増税と経済格差に苦しむ多数の国民をよそに過去最高の利潤を上げ、時には「金をもうけて何が悪い」と開き直ります。

テレビでは芸人たちによる「人の欠点・短所を笑う」刹那的な笑いが横行しています。

今の日本にはびこっているのはとどまることを知らない暴力です。

かつては「平和」とは「戦争のない状態である」と定義されていました。しかし現在では「平和」とは「暴力のない状態である」とされています。

しかもその暴力とは、ただ人を肉体的に傷付けることだけを意味しません。

ノルウェーの平和学者ヨハン・ガルトゥングの研究では、暴力には
（1）直接的暴力
（2）構造的暴力
（3）文化的暴力
があるといいます。

「直接的暴力」とは、戦争や犯罪など人を直接的に傷付けること。

「構造的暴力」とは、特にすべての人を豊かに幸福的にしようとはしない政治的、経済的仕組み。

そして「文化的暴力」とは、それらを助長する、人々の内面を貧しくさせ、人と人との繋がりを分断し、孤立させてゆくような文化のこと。（注4）

過去の戦争の悲惨を訴えたり、世界で起きている紛争の実態などを伝えると、子供たちの中から「日本は平和で良かった」という意見がよく出てきます。そういう意見に対して、何となく違和感を覚えながらも、「まあ、確かに日本は戦争していないし」などと私たちも自分を納得させます。

しかし、日本が平和であるなどということはないと思います。

ただ幸いにも戦争に巻き込まれていないだけで、直接的暴力はおろか、構造的暴力、文化的

暴力に満ち満ちています。無論今までは考えられなかったような凶悪犯罪も多発しています。

暴力に満ちた社会は、子供たちに「力こそすべて」というメッセージを送り続けることになります。

人に対する優しさや、試練がやってきた時に人のせいにせずに自分から立ち向かってゆこうとする勇気、自然や未知のものに対する畏敬など、人間が持つ本質的な素晴らしさは軽視され、「力」を自分のためだけに求めるようになっていった時、人は内面に空虚を抱え始め、人間と自分に対する幻滅を抱きます。

それは子供たちの、私たちの目には見えづらい、しかし確かにある「魂」を豊かにしてゆこうという教育の営みとは対極のベクトルです。

子供たちの「魂」を腐食しようとする巨大な暴力、幻滅と闘おうとする私たち教師はまるで巨大な風車に立ち向かうドン・キホーテのようなものです。

しかし見て見ぬふりもできないのが私たち教師です。

かつて日曜日の夜に日本テレビで「知ってるつもり?!」という番組が放映されていたのを御存知の方も多いと思います。

「ガンジー」の授業でも使わせて頂きましたが、歴史上の有名・無名の人物を「何を願っていたのか」の視点から、再現映像を使って紹介していきます。

ある特定の方向の取り上げ方をしていることもあるので歴史の授業の一環として使う時には気をつけなければならないと思いますが、私は定期テストの直後や学期初めなど、新たな気持ちで向かっていって欲しい時に子供たちによく見せました。

それはもちろん「人間幻滅」でしかないように見えるこの社会に対して、その状況を引き受けても、なお「人間賛歌」を示してくれる、「人間は実はこんなに素晴らしい」というモデルを見せたいという私自身の小さな願いの現れでもあったのです。

「知ってるつもり?!　杉原千畝《ちうね》」視聴

今となっては「６０００人の命のビザを発行した勇気ある外交官」として有名になり、展覧会なども開かれ、映画化もされた杉原千畝ですが、そのきっかけは「知ってるつもり?!」で取り上げられたからでした。

〈内容〉

杉原千畝は第二次世界大戦直前にリトアニアに赴任していた日本領事官代理。

彼はある朝、領事館の門に大勢のユダヤ人がビザ発行の書類を持って押し寄せてきているのを目の当たりにする。

それはナチス・ヒトラーによって迫害され始めたユダヤ人を助けようと、あるオランダ人領事が発行したカリブ海に浮かぶオランダ領キュラソー島行きのビザだった。しかし、ヨーロッパ大陸を横断して大西洋に出る道は既にヒトラーによって閉ざされ、どんなに危険でもソ連を横断して日本を経由してキュラソー島まで行く道しか残されていなかった。日本の通過ビザがあればソ連大使館もビザを発行してくれた。だからユダヤ人たちにはどうしても日本のビザが必要だったのだ。

千畝はすぐ本国外務省にビザ発給の許可を願う電報を打つ。

しかし、当時日本はドイツ・イタリアと三国同盟を結ぼうとしており、日本政府としてはドイツの方針に逆らうことはできない状態だった。

返事は「ユダヤ人のビザ発給は許可ならず」

何度も折衝しては不許可の返事しか貰えなかった千畝は、ついに本国の意向を無視し、無断でビザ発給の決断をする。

1940年8月1日ビザ発行開始。これは時間との闘いだった。

2日後の8月3日には、とうとうソ連がリトアニアを併合。

各国外交官の国外退去が始まったが、千畝は早朝から深夜まで食事も取らずに必死にビザを書き続けた。しかし、調書を取りながら、しかも手書きのため、一日に70～80枚しか書けない。手は疲労にひどく痛む。

8月28日、日本政府から強制退去命令が出、領事館を閉鎖せざるを得なくなる。が、ホテル住まいを始めてもホテルの部屋までユダヤ人たちが家族を連れてやってきた。ここでもビザを書き続ける。

脱出のための最後の列車が出る1940年9月1日。

その列車が動き出し、もうビザをホームにいるユダヤ人たちに手渡せなくなるまで、車内でも書き続けた。

その日まで発行されたビザは約2000枚。家族を含む約6000人分の命のビザが発給された。

終戦から2年、ようよう日本に帰国し外務省に出頭した千畝を待っていたのは、ビザ発給の責任を取れという辞職勧告だった。

これからは平和のために働けるという希望も打ち砕かれた傷心の千畝は、民間貿易会社に勤め、堪能なロシア語を駆使してソ連との商取引に当たることになる。

一方助けられたユダヤ人たちはイスラエル建国後、あの領事代理を見付け出そうとする。

ユダヤ人たちは日本政府がビザを発給してくれたと信じていたが、実は千畝個人が政府の方針に逆らって独断でビザを発行したと知る。

イスラエル政府に派遣された一人のユダヤ人が千畝を見つけたのは、戦後23年も経った

1968年のことだった。

「千畝発見」の報は瞬く間に世界のユダヤ人の間を駆け巡り、千畝はイスラエルに招かれる。更に未だ数百人にしか授与されていない「諸国民の中の正義の人賞」を受賞。そのメダルの裏には「一人の人間の命は、この地球より重い」と書かれていた。

が、既に体調を崩していた千畝は授賞式に出席することはできなかった。

ガンにより1986年杉原千畝死去。享年86才だった。

〈関口宏氏による最後の言葉〉

「杉原千畝さん。

この一人の男の勇気ある決断によって、6000人ものユダヤ人の命が救われました。

妻があり、子供があり、自分自身の外交官生命をも賭けた決断。

彼が最も安全な道を選ぼうとしたら、この決断はなかったでしょう。しかし、彼は安全な道を選びませんでした。いや、選べなかったと言った方が正確かもしれません。

悩んで、悩んで、悩み抜いた結果、杉原千畝さんが選び取った選択。

彼をそうさせずにはいられなかったものとは、いったい何だったのでしょうか。

杉原さんの一生を顧みるとき、その決断ゆえに招いた不幸もありました。しかし、もしかしたら、外務大臣になれた人生よりも、ご本人は、はるかに満足を感じられた人生だったのでは

ないでしょうか。」（注5）

＊

〈生徒たちの感想〉

「杉原千畝という人の事を初めて知りました。

両親も良くは知らないようでしたが、『私が生まれる前の〈知ってるつもり?!〉のビデオを見たよ』と言うと、『ビザを発行した人でしょ』と言っていました。このテレビが彼を有名にしたようです。

杉原さんはとても偉いと思います。自分がクビになるのを覚悟で困っているユダヤ人を救ったのです。他の人では出来なかったかも知れません。

私がナチスとヒトラーを初めて知ったのは小学校三年生の時でした。『アンネの家』に行って父に説明を受けたのです。

私は日本に帰ってからアンネの伝記や物語、そして日記を読みヒトラーに対して腹が立ちました。何の罪も無いユダヤ人を殺したからです。

杉原さんは私よりも、もっと激しい怒りを持っていたのかなと思いました。救われたユダヤの人はとっても嬉しかったはずです。

『このビザは命と同じくらい大切です』というのも当然のことなのかもしれません。そして再会できた時の喜びも計り知れないと思います。

ユダヤ人を助けるためにビザを書き続けた杉原千畝さんとその家族のみなさんは素晴らしいと思います」

（Y・H 女）

「一人で何枚もビザを書いたということに驚きました。

手は疲れるけど、それよりも『困っている人を助けたい』という気持ちが伝わってきた気がします。

ユダヤ人を救いたいという一心で行った行動はとても勇気があり、素晴らしいと思います」

（O・Y 女）

＊

次時に、子供たちが書いたこれらの感想文をいくつか紹介した後、まとめの言葉として次のように言いました。

T. 動物は人間も含めて自分の生命を守るという本能があるからね、自分のことをまず第一に考えるというのが当たり前だと思うんだけど、人間って時として自分のことを横に置いて人のことを先に考えるということを、しかも極限状態でしたりします。

例えば、第二次世界大戦中ヒトラー率いるナチス・ドイツによって強制収容所に送り込まれ６００万人が殺されたユダヤ人ですが、自分も食べ物がなく、明日の生命もわからないという状況の中で病気の仲間が出るとその枕元に貴重な自分のパンをそっと置いておくということが多くあったらしい。

みんなも知っているアンネ・フランクなんかもそういう人の一人だったようです。

先年もＪＲの新大久保駅でホームから落ちた人を救おうと２人の青年が飛び降りて、しかし入ってきた電車にはねられたという事件がありましたね。

それ以前にもこんなことがありました。

東武線の踏切のそばで２人の青年がスキーに行く準備をしていました。そこにガチャンという大きな音が聞こえて、見てみると一人のご老人が踏切で自転車がはまって倒れてしまっている。電車はもうすぐそこまで来ていました。

青年２人は踏切に飛び込んで、ご老人を助け出そうとしました。

が、間に合わなくて青年たちは命を落としたという事件でした。

青年たちは楽しくこれから行くスキーのことを話していたと思うんですよ。

ところがご老人が危ないという状況を見た途端、そういうものが全部吹き飛んでしまった。

「ご老人を助けなきゃ」という気持ちだけになっていたと思うんです。

Ｔ．杉原千畝さんも自分のことを考えていたらビザ発給なんてできなかった。でも目の前のユダヤ人たちを見て、助けないわけにはいかなかった。

人間って不思議なものですね、そういう風に「自分」という存在を越えてしまう瞬間があります。

みんなも千畝さんやアンネ・フランクのように生きなさいと言っている訳ではないですよ。

人間って誰でもそういう凄さを持っている、それを覚えておいて欲しいと思います。

＊

「歴史的分野・第2次世界大戦」（16時間）

〔1校時〕　世界恐慌と各国の対応

〔2校時〕　ヒトラーとユダヤ人虐殺　VTR『シンドラーのリスト』

〔3校時・4校時〕　チャップリン『モダン・タイムス』『独裁者』視聴

〔5校時〕　VTR「知ってるつもり?!　チャップリン」視聴

〔6校時〕　満州事変と日本の軍国主義

〔7校時〕　日中戦争

〔8校時〕　第2次世界大戦始まる

〔9校時〕　アジア太平洋戦争始まる

〔10校時〕　戦時下の国民生活

〔11校時〕　ミッドウェー海戦以降

〔12校時〕　東京大空襲

〔13校時〕　沖縄戦

〔14校時〕　広島・長崎

〔15校時〕　敗戦・敗戦の決定はこれで良かったのか

〔16校時〕　願いに生きた人　VTR「知ってるつもり?!　杉原千畝」視聴

	学習内容	指導上の留意点
導入	**1校時目** ○「杉原千畝」という人の概略を知る	○今は知っている生徒が多くなった。その生徒たちに発表させる
展開	○「知ってるつもり?!　杉原千畝」視聴	○第２次大戦から始まって戦後まで続く話なので、敗戦の授業のあとに、この授業を実施したい
まとめ	○まとめ ○感想を書く	○次時の冒頭に感想文を紹介し、自分を守るだけではない人間の本質について考えさせる

（3）チャップリン

中学三年生ともなると、チャップリンを知っている生徒も多くなります。ある歴史教科書には、繁栄を誇るアメリカの機械文明・資本主義を諷刺した映画として『モダン・タイムス』（1936）の一場面の、歯車に巻き込まれたチャップリンの写真が載っているくらいですから、「あ、あの写真の人」と思い出す生徒もいます。

しかしチャップリンがどのような時代背景を持ち、どのような願いを持ってこれらの映画を作ったのかはほとんど知られていません。

が、後述する「人生進化の3段階」（注6）について学ぶのに、極貧で生まれ育ったチャップリンの人生こそ最適なものだと思っています。

「人生進化の3段階」

資本主義社会の中で私たちは意識せずとも、人との競争に勝ち、社会的地位を高め、経済的強者となることを目標に生きてしまいます。

それは学校の中でも同じです。

友達と仲良くしたい気持ちがあるのと同時に、友達との競争に勝ち、テストの点も高く、部活の大会でも好成績を出して全校集会で表彰され、偏差値の高い高校に合格して先生からも高い評価を得たら、それだけで人生の勝利者のような気持ちになります。

しかし、勝利者にならない子どもたちもいます。

家庭が経済的に貧しく、塾にも行けず、成績の上がらない子どももいます。

障がいを持っている兄弟がいて、そのお世話で勉強をする時間の取れない子どももいます。

両親が不仲でいつもいさかいを起こし、家庭内に安らぐ場所がなく、いつ両親が離婚するか、自分たちはどうなるのか不安で一杯で、学校でも勉強に身が入らず、テストも全くできない子どももいます。

彼らは自分たちを人生の落後者・敗北者とみなし、自分を価値のない人間とレッテル張りすらします。

いつもつらそうな顔をして、意欲も出ず、新しいことにチャレンジすることもできません。

そういう子どもたちを見ると、私たち教員はやみくもに、「もっと意欲的に何事にもチャレンジしろ！」などと言ってしまいますが、それは無理な話ですよね。

そういう子どもたちに高橋佳子氏が理論化された「人生進化の3段階」の話をしてあげたいと思うのです。

それは

第1段階「こうだったから、こうなってしまった」

例えば、貧しい家庭に生まれて、長じて窃盗・強盗などの犯罪を犯してしまったとします。

すると、

↓貧しかったから、犯罪を犯してしまった。

になります。

第2段階「こうだったけれど、こうなれた」

↓貧しかったけれど、成功して大金持ちになれた。

唯物的価値観では、この第2段階まで行けば人生の勝利者と呼ばれます。

しかし、人間を、後述するように肉体だけではない「魂」を抱く存在というところまで含めて考えると、さらに深い生き方があることが分かってきます。それが

第3段階「こうだったからこそ、こうなれた」

↓貧しかったからこそ、貧しい人たちのために生きることができた。

ここまで来ることができた人が、人生の本当の勝利者と言えるのかもしれません。

両親が離婚して、辛い子ども生活を送ったからこそ、大きくなったら今度はそういう子どもたちの気持ちを分かって、励ましてあげることが出来る。

皆が仲良く生きることが出来る社会を作りたいと強く願って、そういう仕事につくことができる。

それは何一つ不自由のない家庭に育った人には無理かもしれないことです。

家が貧しくて、学校でいじめられて、不登校を体験したからこそ、大きくなったら、同じように不登校で苦しむ子どもたちのために、新しい教育のシステムを考え出すことが出来る。

「こんな私はだめだ」と卑下して、将来の希望を見失っている子どもたちにこそ、「そのあなただからこそ、してあげられることがあるんだよ」ということを伝えてあげたいと思うのです。

そう考えたときに、チャップリンの人生を思い出しました。


【1～2校時目】『モダン・タイムス』と『独裁者』

まず教科書にも出てきたチャップリンの『モダン・タイムス』の冒頭15分を視聴。

ベルトコンベアによる大量生産のラインで働くチャップリン扮する労働者に、社長が昼食時でも仕事の手を休めずに食事が摂れるという「自動給食装置」なるものの実験をさせるシーンまで。

個人的にチャップリンの作品として最も完成度が高いと思っているので他のシーンも多く見せたいのですが、我慢。

『モダン・タイムス』の一場面

チャップリンは自分を常に貧しい労働者の側に置いていて、大衆を搾取しようとするシステムを笑い飛ばそうとしていたのだと説明。

続けて『独裁者』を見せる。製作は1938年。

この独裁者とは言うまでもなくドイツのヒトラーのこと。

ヒトラーがオーストリアを併合、次にポーランドに侵攻して第二次世界大戦が勃発するのが1939年のことだから、世界が闇に引きずり込まれようとする、正にその時にチャップリンが渾身の力を込めて作った作品。

この作品までチャップリンはセリフのない「サイレント映画」しか作らなかったが、この作品ではどうしても自分の声で世界の人々に伝えたいことがあって、初めて「トーキー」(声の出る映画)にしたと説明。

全体で125分にも及ぶ長さなので、ここでも見るところを絞らざるを得ません。

まずは冒頭。

第一次世界大戦において、主人公であるユダヤ人の床屋も加わった戦闘シーンを面白おかしく描いている部分。

特に飛行機が上下逆さまになって飛び、水筒の水が飲めないシーンは見もの。CGなどない時代の実写で、良くこれだけ作れたものです。

主人公のユダヤ人の床屋が戦後、記憶喪失となっている間にドイツ（映画中では「トメニア」）のヒトラー（映画中では「ヒンケル」）が独裁者として道を歩んでいた。

そのヒンケルの演説シーン。ヒンケルもチャップリンによる二役。驚くほど巧みにヒトラーの演説を揶揄しています。動作も声の出し方もヒトラーでしかありえない程なのですが、ここで語っている言葉はドイツ語ではなくチャップリン自身の造語だそうです。いかにもドイツ語らしい雰囲気ですが、ここでもヒトラーをからかっています。

記憶喪失になったユダヤ人の床屋が店に帰ってきて、ドイツ（トメニア）突撃隊に迫害を受けるシーン。

ブラームスの「ハンガリア舞曲第五番」に合わせて客の髭を剃るシーン。

ヒンケル暗殺計画の実行者を決めるために、くじびきとしてコインの入ったプディングを皆で食べるシーン。

収容所に捕らえられたユダヤ人床屋が脱走し、ヒンケルに間違われて多くの群衆の前で演説をすることになる最後のシーン。これはオーストリア（映画では「オスタリッチ」）併合直後の「独裁者」としての演説のはずだった。

しかし、ユダヤ人床屋は初めは怯えながら、徐々に自分でも驚くほど堂々と確信を持って人々の自由と幸福を守り、平和な世界を作ってゆこうと呼びかける演説をしてしまう。

演説の最後に、希望を捨てずに生きてゆこうと呼びかけた恋人「ハンナ」はチャップリンの亡き母親の名でもあった。

＊

#〈『独裁者』感想〉

「実は最後の方、一人で泣いていました。

『人間は魂にもとから翼を持っているんだ』と聞いた時、人間はどうして戦争をしているのかと問いたくなりました。

戦争をして手に入る物は何か？　戦争なんて手に入れる物より失う物の方が多いのに。

例え勝ったとしても、国民は亡くなった人のことを悲しみ、そして後悔する。

全ての人々にこの映画を見て欲しいと思いました」　（S・A　女）

「私はこの映画を見たのは二度目だったけど、最後の演説をちゃんと見たのは初めてでした。

あの言葉を聞いて、何とも言えない気持ちになりました。

今でも人種差別は残っています。

私たち日本人もヨーロッパの人や白人のある一部の人に嫌われています。生まれ持った色だけのことに、外見から嫌われることは本当に悲しいことです。

私も一度そういう目で見られたことがあります。本当に、今まで生きている13年間の中で一番悲しかった事です。私はこんな気持ちを他の人にさせたくはありません。

やはり、人間はお互い愛し合って信頼し合って生きてゆくものだと思います。これ以上人を傷付けるのをやめて欲しいです。

ブッシュ政権（2003年当時）がやっている事に反対してくれる、チャップリンみたいな勇気のある人が出てきて欲しいと思いました。

この映画は、何か一番大切なものを気付かせてくれると思いました」　（S・S　女）

［3校時目］「知ってるつもり?!　チャップリン」視聴

T． こんな風に面白いと同時に、深く人間の生き方まで問いかけてくれるような映画を作り続けてくれたチャップリンだけど、今日は「知ってるつもり?!」を通してチャップリンの人生を学んでみます。
チャップリンの人生を考える時に「人生進化の3段階」というのが、とても大切になります。

「人生進化の3段階」
1．こうだったから、こうなってしまった

2．こうだったけれど、こうなれた
3．こうだったからこそ、こうなれた
実はチャップリンはとても貧しい生まれ育ちでした。お父さんは早くに亡くなり、お母さんと二人で生活するんだけど、お母さんが病気で寝たきりになって、まだ七〜八歳のチャップリンが靴磨きや掃除夫をして稼がなければならなくなる。
でもそんな中で、チャップリンは家に帰ると寝たきりのお母さんを楽しませようと、靴磨きしている時に道を通った人の姿や、起こった事件をパントマイムで見せてあげるんだね。チャップリンのパントマイム芸はこうして鍛えられたと言われています。お母さんを喜ばせるためだね。その延長線上で映画を作ってゆくことになります。
人生の型を「貧しかったから」という前提で考えてゆくと
第1段階は
1．「貧しかったから、犯罪を犯してしまった」
です。悲しいけれど、これは良くある話ですね。
第2段階は
2．「貧しかったけれど、金持ちになれた」
です。

世の中ではこれを「成功」と呼んで、まあこうなれば良しというわけです。

でもチャップリンの人生はもっと深い所まで考えさせてくれます。

それが第3段階で
3．「貧しかったからこそ、貧しい人のために生きることができた。貧しい人のために映画が作れた」です。

もし、人生の目的が、お金持ちになったり出世したりすることにあるんだったら、貧しい家庭に生まれたらそれだけで不平等ということになるよね。

でも人生の本当の意味が第3段階まで行くことだとすると、貧しく生まれたら、だからこそ出来ることがある。金持ちに生まれたら、だからこそ出来ることがあるということになるよね。

チャップリンの人生はそこまで考えさせてくれます。そんなことを思いながら、見て下さい。

＊

ＶＴＲ「知ってるつもり?!　チャップリン」

司会の関口宏氏。

「今日はチャップリンです。このチャップリンが生まれた同じ年の同じ月のわずか四日後に、オーストリアにやはり一人の男の子が生まれました。その子が誰であったかお分かりになる方は勘のいい方だと思います」

その赤ん坊の写真。大人になった彼の記録映像が出る。ヒトラーが「我々は人々を欺かない」と迫力ある演説をしているシーン。

関口氏「二人とも生まれた時は同じく無力な赤ん坊であった。同じような時に同じような場所に生まれ、環境も同じようなものであった。しかしヒトラーがこうなってしまった人生と言えるならばチャップリンはこうも生きれた人生と言えるのではないでしょうか」

と人生の型について少し言及。

*

チャップリンの生まれた産業革命後のロンドン。人々は貧しかった。

芸人だった父親の死後、同じく芸人の母親に二人兄弟で育てられたが、母親の声が出なくなり仕事を失う。母と子供は離ればなれで貧民院へ。

チャップリンの味わった最初の感情は「悲しみ」だった。

再び一緒に住めるようになったが、母は栄養失調で病に伏す。チャップリンが靴磨き、掃除夫などの仕事をして収入を得なければならなくなる。

母親はたとえ貧乏でも、チャップリンに誇りを持った一人の人間として生きていくことを教える。チャップリンはその日、外で見た人々の動きや様子を、寝たきりの母を喜ばせようとパ

郵 便 は が き

お手数ですが
切手をお貼り
ください。

102-0072
東京都千代田区飯田橋３－２－５
㈱ 現 代 書 館
「読者通信」係 行

ご購入ありがとうございました。この「読者通信」は
今後の刊行計画の参考とさせていただきたく存じます。

ご購入書店・Web サイト

書店 都道府県 市区町村

お名前《ふりがな》

〒

ご住所

TEL

Eメールアドレス

ご購読の新聞・雑誌等 特になし

よくご覧になる Web サイト 特になし

上記をすべてご記入いただいた読者の方に、毎月抽選で
５名の方に図書券５００円分をプレゼントいたします。

お買い上げいただいた書籍のタイトル

本書のご感想及び、今後お読みになりたいテーマがありましたらお書きください。

本書をお買い上げになった動機（複数回答可）

1.新聞・雑誌広告（　　　　　　　　）　2.書評（　　　　　　　）

3.人に勧められて　4.ＳＮＳ　5.小社ＨＰ　6.小社ＤＭ

7.実物を書店で見て　8.テーマに興味　9.著者に興味

10.タイトルに興味　11.資料として

12.その他（　　　　　　　　　　　　　　　　　　　　　　　）

ご記入いただいたご感想は「読者のご意見」として、新聞等の広告媒体や小社Twitter等に匿名でご紹介させていただく場合がございます。
※不可の場合のみ「いいえ」に○を付けてください。　　　　いいえ

小社書籍のご注文について（本を新たにご注文される場合のみ）

●下記の電話やFAX、小社HPでご注文を承ります。なお、お近くの書店でも取り寄せることが可能です。

TEL：03-3221-1321　FAX：03-3262-5906
http://www.gendaishokan.co.jp/

ご協力ありがとうございました。
なお、ご記入いただいたデータは小社からのご案内やプレゼントをお送りする以外には絶対に使用いたしません。

ントマイムで見せる。

チャップリンのパントマイム芸はこうして鍛えられていった。

やがて極度の栄養失調により母は精神に異常をきたし、精神病院に入院。

チャップリンは兄のつてで演劇集団カルノー一座に入団、人間の喜びや悲しみを芝居を通して表現することを知り、舞台から人々に微笑みを渡せたらどんなに良いだろうかと願うようになる。


アメリカ巡業の時、喜劇映画に端役で出る。

最初はドタバタ劇だったが、チャップリンは個性ある役柄を求めるようになり、山高帽子につるつるのタキシード、だぶだぶのズボンにどた靴という、いわゆる「チャップリン・スタイル」を考える。人気はウナギ昇りに。

警官に追われる主人公の浮浪者など、チャップリンは既にその立場を大多数の貧しい民衆の側に置いていた。

そして『街の灯』などに登場するヒロインの多くは貧しく薄幸で、母ハンナの姿が色濃く投影されていた。

黄金への飢え、愛への飢えを描いた『黄金狂時代』を経て、『モダン・タイムス』を１９３６年に製作。

ここでチャップリンは物質文明は人間を本当に幸せにするのか、人間にとっての本当の幸せとは何なのかを問い、人間を搾取する資本主義に鋭い批判の眼差しを向けてゆく。

そんなチャップリンを恐れたのがヒトラーだった。

同じように父を亡くしたヒトラーは少年時代は画家になる夢を持っていたが挫折。その苦しみを社会への憎悪に変え、人々を力で押さえつけ、資本家と組んで国外への侵略を計画していた。

そしてヒトラーは『モダン・タイムス』をドイツで上映禁止にし、チャップリンに巨大な圧力をかけ始める。

チャップリンは予定していた映画作りを変更し、急遽ヒトラーを扱った映画を作り始める。

それが『独裁者』だった。

「パントマイムは万国共通の言語」と言っていたチャップリンはこの映画で初めて自分の生の声を観客に聞かせる。それはサイレントを捨ててでもどうしても言わなければならないことがあったからだった。

独裁者に間違えられたユダヤ人の床屋が世界に向けて演説をする。その一部分。

「申し訳ない。

私は皇帝になりたくない。

支配はしたくない。

できれば援助したい。

ユダヤ人も黒人も白人も。

人類はお互いに助け合うべきである。

他人の幸福を念願としてお互いに憎み合ったりしてはならない。

世界には人類を養う富がある。人生は自由で楽しいはずであるのに、貪欲が人類を毒し、憎悪をもたらし、悲劇と流血を招いた。

スピードも意思を通じさせず、機械は貧富の差を作り、知識を得て、人類は懐疑的になった。

思想だけがあって感情がなく、人間性が失われた。

知識より思いやりが必要である。

思いやりがないと暴力だけが残る」

20世紀の行く末を決める二人の対決はドイツの降伏とヒトラーの自殺という形で幕を閉じる。

第二次世界大戦の終幕は同時に米ソという二つの超大国の対立の始まりだった。

チャップリンは自国の利益、勢力の拡大のみを求めるそんな超大国を強烈に批判し、『殺人狂時代』を作る。

絞首台に上ろうとする主人公の殺人者が言う有名なセリフ。

「一人を殺せば殺人者だが、大勢を殺せば英雄だ」

折からアメリカに吹き荒れた「赤狩り」の嵐の中で、そんな映画を作ったチャップリンも喚問を受け、私生活の女性問題すらも取り上げられて非難される。

チャップリンは次作『ライム・ライト』で映画の中で初めて主人公を死なせる。それはチャップリンのアメリカへの別れの挨拶であった。

チャップリンは夫人と共にスイスの山の中に消え、社会もチャップリンのことを忘れてしまったかのように見えた。

そんなチャップリンが再び人々の前に現れる日が来る。長年の功績に対してアカデミー賞特別賞授与が決定。チャップリンが去った時じっと見守るしかなかったアメリカの民衆が温かく彼を迎える。

その5年後、スイスの自宅でチャップリン永眠。

最後の言葉は「人生とは何と素晴らしいものなのだろうか」だったという。

関口宏さんの言葉。

「『独裁者』から演説シーンをもう少しお伝えしてお別れしましょう。

『諸君は機械ではない！　人間だ！

心に愛を抱いている。

愛を知らぬ者だけが憎み合うのだ。

諸君は幸福を生み出す力を持っている。

人生は美しく自由であり――素晴らしいものだ！』

喜劇王チャールズ・チャップリン。

私達が生きていく道に横たわる数々の矛盾、辛い現実、心の痛み。そうした現実に目を背けず、正面から人生を生きたチャップリン。

彼をそうさせたものは幼い日の母との絆であり、母から教わった人間の誇りだったのかもしれません。

どんな人生であろうとそこから逃げ出すことなく誇りと愛を持って生きること。チャップリンのメッセージは時代を越えて私たちに訴えかけています」（注7）

＊

〈生徒たちの感想〉

「今回のチャップリンについての番組を見て、改めてチャップリンの凄さがわかった。先生が授業のはじめに言っていた

『貧しかったからこそ貧しい人たちのために生きることが出来た』という言葉を聞いて、なるほどどと思った。

そしてその通り、貧しい人たちのために生きているチャップリンがいて、その時、私は自分もこういう人になりたいなと思った。

世界にチャップリンのような考えを持つ人がたくさんいれば戦争なんて起きることはなかったと思う。そしてこれからも起きないと思う。

最後に一言!! チャップリンは素晴らしい人だ!!」


（A・Y 女）


「私はチャップリンがあんなにカッコイイなんて初めて知りました（ハンサムでした!）なのにあんな服着て……。あんな顔にしちゃって……。

でも、チャップリンが幼い頃あんな風に育ったなんて思いもしませんでした。だけど、どこかでうなずけます。

チャップリンは凄い人だと思います。

他の人のために生きたと言っても過言ではありません。きっと今の人にはできないことだと思います。

ヒトラーもかわいそうだなぁと思いました」


（T・E 女）

	学習内容	指導上の留意点
導入	**1、2校時目** ○「チャップリンを知っている人?」 チャップリンがしたことを学ぶ	○教科書の写真を参照する
展開	○『モダン・タイムス』視聴 冒頭15分〜人間の精神の機械化 ○『独裁者』視聴〜最後の演説シーン	○どこを視聴したかについては本文参照
まとめ	○まとめ ○感想を書く	
導入	**3校時目** ○「人生の3つの型」について学ぶ ・こうだったから、こうなってしまった ・こうだったけれど、こうなれた ・こうだったからこそ、こうなれた	○チャップリンの例をあげる
展開	○「知ってるつもり?! チャップリン」を視聴	○同年同月に生まれたヒトラーとの対比を意識する
まとめ	○まとめ ○感想を書く	

（4）水俣病とベトちゃんドクちゃん

日本地理はどうしても、地形・気候などの自然の特色と特産品をあげるだけの授業になりがちです。

例えば、愛媛県では、日当たりの良い斜面を利用して、段々畑をつくり、みかんの生産を行っている。その場所を地図帳で確認してみよう。年間生産量は約80万ｔで日本の果物の生産としては第1位の生産量。

今は、アメリカからのグレープフルーツやオレンジなどの柑橘類、その他の輸入果物の攻勢によってみかん農家は苦しんでいる。終わり。

冒頭でも述べたように、それだけではつまりません。

やはりそこに、みかん農家の方々の喜びや悲しみ、願いや希望を折り込みたいと思うのです。

それによって生徒はこれからの人生にとっての大切な感動や智慧を獲得できるかもしれません。

だからこそ「人」が主人公となる単元は思い切り、それらを出したいと思っています。

ここで登場するのは胎児性水俣病患者の坂本しのぶさんです。

坂本しのぶさんはご自分も水俣病患者でありながら、枯葉剤の後遺症で苦しむベトナムの子供たちを励ましに行こうとします。

それは、先述した「人生進化の3段階」の第3段階「こうだったからこそ、こうなれた」まで深められたということだと思います。

「チャップリン」の授業をした後ならば、その話も子どもたちにわかりやすいと思いますが、そうでないときには「人生進化の3段階」の話をどこかでしておきたいと思います。

[1校時目]「奇病」の発生

T．水俣病ってどんなもの？（何人かに聴く）

そうだよね、日本の公害病の中でも最も有名なものだよね。

ある毒物の中毒です。何？

その通り、水銀中毒です。しかも、世界でも稀な大量の犠牲者が出て、まだ解決していない。

こちらの掛地図を見て下さい。

水俣というのは都市の名前です。

場所は……ここだね。

目の前は八代海（不知火海）。

とても美しい海で、ボラ・スズキ・タコ・エビ・ムラサキ貝・アサリなどが豊富に獲れ、

「海の博物館」と言われていました。

1953年～54年頃、この水俣で不思議なことが起こり始めます。

飼い猫が突然、泡を吹いて家の中を狂ったようにグルグル走り始める。後ろ足を上げて逆立ちしようとする。『ネコ踊り』だね。そして足をバタバタさせて苦しんだ挙句、死ぬ。

あるいはまた燃えるカマドや海に向かって突進して死ぬネコまで現れました。

小魚を獲る水鳥やカラスも地上でバタバタ死にます。

同じ現象が人間にも現れます。初めはまだ小さい女の子でした。溝口トヨ子ちゃん5歳、田中静子ちゃん、そして江郷下和子ちゃん、みんな5歳でした。では、資料を読んでみましょう。

（資料1）人にも伝染する？

この不思議な病気は、ネコや鳥だけでなく、やがて人間にも現れるようになりました。

1953（昭和28）年の12月15日の朝、出月の、5歳になる溝口トヨ子ちゃんが突然、発病したのです。朝食の時、今の今まで元気だったトヨ子ちゃんが、酔っぱらったように、ぐにゃりと、後ろに倒れたのです。

お母さんは、初めふざけているのかと思いましたが、その頃流行っていたネコやカラスの病気に似ていたので、「これは大変なことになった」と、市内の病院へ慌てて連れて行きました。その頃、海ではボラやスズキなどの魚がひっくり返って、何匹も浮いていました。

それを網で拾ってきて、サシミにしたり焼いたりして家中で食べていました。トヨ子ちゃんはサシミが大好きでした。

　市内の病院を片端から訪ねましたが、脳が悪い、栄養が悪いと言われるだけで、原因はさっぱりわかりませんでした。

　病院では、泣き叫ぶトヨ子ちゃんの背中の骨から、畳針のような太い針で、液をとりました。そのため病院の近くに来ると、トヨ子ちゃんは「いやだ、いやだ」とお母さんの髪の毛を引っ張って、嫌がりました。

　トヨ子ちゃんの病気は暖かくなると少し良くなりましたが、寒くなるとまた手足が痺れ、体が激しく痙攣し、酷くなりました。畳の上を這い回るトヨ子ちゃんの手や足先、膝は擦りむけ、火傷の跡のようになりました。血が吹き出ていても、麻痺しているためトヨ子ちゃんは痛みを感じることができませんでした。

　こうして3年目、

「サクラが咲いたら、ランドセルをしょって早く学校に行きたい」と言っていたトヨ子ちゃんは、1956年3月15日、苦しみながら亡くなりました。

トヨ子ちゃんが発病してから、何人もの人が似たような病気にかかりました。人々は、

「ネコの病気がうつった」

「ネコのたたりかもしれない」

と、噂し合っていました。

（資料2）「奇病」の発見

　1956年4月21日、チッソ水俣工場付属病院にひとりの女の子が入院しました。月の浦に住む、5歳11ヶ月になる田中静子ちゃんでした。

その1週間ほど前、朝食の時、静子ちゃんは何度も茶碗を落としました。お父さんは、「飯を粗末にするな!」と叱りつけました。しかしよく見ると、静子ちゃんの目はトロンとして、口もよくきけないようでした。昨日ま

で元気に遊んだり、海岸に出て貝を獲ったりしていたので、お父さんも、お母さんもびっくりしました。

医者に連れて行くと小児マヒと言われ、注射を打たれました。

それから私立病院に行き、脊髄から液をとられ、家に連れて帰りましたが、何も食べず、苦しみ続け、一日中泣き叫んでいました。病院に入院させましたが、一晩中泣いているので同室の患者から文句を言われ、しかたなく退院させました。

お父さんもお母さんも困り果て、他の病院に行きましたが、やはり「どうすることもできない」と言われ、チッソの附属病院へ来たのです。

静子ちゃんが入院した日、「姉ちゃんが泣くので、病院へ行っておいで」と、お母さんを元気な声で送り出した妹の実子ちゃんが、それから10日目、発病し入院しました。

静子ちゃんの隣の江郷下さんの家でも、5歳11ヶ月の和子ちゃんが、同じような病気で苦しんでいました。調べてみると、苦しんでいる患者が他にもたくさんいることがわかりました。

驚いた附属病院の細川院長は、5月1日、水俣保健所に「原因不明の病気が数多く発生している」と報告しました。

静子ちゃんは、やがて目が見えなくなり、その3年後亡くなりました。

隣家の江郷下さんの家では、和子ちゃんが入院して間もなく、5月8日に11歳になる兄が、5月16日には母親が、そして6月14日には8歳の弟が、相次いで発病しました。その間、和子ちゃんは歩くことも、水を飲むこともできなくなり、やがて全身を激しく痙攣させて苦しみ、5月23日、ついに亡くなりました。（注8）

T．保健所に連絡すると、「そういえば前にも、そういう患者がいた」と思い出します。保健所は小児マヒか脳出血だろうと思っていました。
ところが1956年6月までに同じような症状の患者が増え続けます。

手足が痺れ、物がうまく握れなくなる。洋服のボタンが掛けられない。歩くと躓く。走れない。話し方が甘ったれたようになり、やがて耳も目も不自由になる……。

その数46人。

１軒から４人の患者が出たこともありました。人々は伝染病ではないかと恐れ、患者たちは孤立していきます。「水俣病」と命名されたその病気はやがて毒物による中毒だと分かります。

誰もが魚が原因だろうと感じ始めていました。だって魚をネコにやるとやがて「ネコ踊り」を始めるのですから。

毒物はどこから？

多くの人が「工場」が海に流す排水に何かあるとは思いました。

水俣では「工場」というと「チッソ」という会社の工場を指します。

もともとは植民地時代の朝鮮で化学肥料を作って利益を上げ、戦後は水俣で操業していましたが、１９５２年から塩化ビニールの生産を始めていました。ちょうど奇病の発生と重なります。

多くの人がその「チッソ工場」が出す排水が関係しているとは感じていても、正面切って言い出す人はいませんでした。

水俣で働く人４５００人のうち、85％は「チッソ」とその関連の仕事でしたし、市の税金の1／2もそうでした。

水俣は「チッソ」のお陰で成り立っていたのです。

T．1958年3月、水俣を訪れたイギリス人の学者が「水俣病の症状は、有機水銀の中毒と似ている」と発表しました。調べてみると、亡くなった人や死んだネコの内臓から普通の人の40～200倍の水銀が検出されました。
塩化ビニールを作る時、水銀を使います。「チッソ」での塩化ビニールの生産が増えるにつれ、水俣病の患者も増えてゆきました。

「これは間違いない、チッソは補償すべきだ」という声が大きくなります。

「チッソ」は責任を認めて補償した？

いいや、してないよね。

それどころか、水俣病患者や家族、漁民が来ると警官に追い返させます。

1959年には、密かに排水口を海から水俣川河口に付け替えます。また新たな患者が発生しました。

患者とその家族は疲れ果てています。

働くことができず収入がなくなり、船・土地を売り、家財道具を質に入れて治療費・生活費に充てました。食べる物がなく、汚染されているであろう魚をこっそり食べたほどでした。

「1人350万円の補償を！」と「チッソ」に要求しますが、仲介してくれた熊本県は、

1958年12月28日、死者に30万円と葬儀代2万円、大人の患者に年10万円、子どもに3万円の補償という提案をしました。

県知事は、「この提案に不服なら手を引く。そうなれば1銭も貰えない」と言いました。「そんなバカな」と多くの人が言いましたが、治療費にすらこと欠く状態の患者達は泣く泣くその提案を呑まざるを得ませんでした。

T. そんな患者と家族たちに次なる悲劇が降りかかってきます。それはお母さんのお腹の中にできた赤ちゃんです。

赤ちゃんができるとお母さんは胎盤を通して赤ちゃんに栄養を送り込むよね。それと同時にお母さんの身体の中にあった水銀までが赤ちゃんの身体に送り込まれてしまった。だから生まれてきてみると、その赤ちゃんは先天性の水俣病でした。それを「胎児性水俣病」と言います。

水俣病は水銀によって中枢神経を冒されますから、知的にも身体的にも不自由になります。

T. この写真を見て下さい。（写真集 The Best of LIFE）

胎児性水俣病である自分の娘をお母さんがお風呂に入れてあげている有名な写真です。このお母さんの顔を見てみると、ただの悲しみだけじゃない、どんなことがあっても自分の子どもを守るという愛情と強さが感じられて凄い写真だと思います。

こんな写真を撮らせるなんて、カメラマンの人とよほど信頼関係が出来ているんでしょう。

この写真を撮ったのは、アメリカの写真家、ユージン・スミスという人で、この写真はジャーナリズムにおけるノーベル賞とも言われるピューリッツァー賞を受賞しました。（注9）

T．転機が１９６４年に訪れます。

この年の11月、新潟大学医学部の付属病院に31歳の男性が入院します。10月頃から手足や口が痺れ、舌がもつれるようになり、思うように歩くこともできなくなったと言うのです。診察した医師は水俣病ではないかと疑い、毛髪に含まれている水銀を調べてみると、通常の何十倍もの量であることが分かりました。同じような患者が翌年にも現れました。皆、阿賀野川の河口付近に住む人たちでした。

阿賀野川の魚が多量の水銀を含んでいることが分かり、その原因は上流にある昭和電工の工場排水であることも突き止められました。しかし、昭和電工はそれを認めなかったため、１９６７年６月、裁判所に訴えます。

そして翌68年1月、新潟の患者は水俣を訪れます。患者達は手を取り合って泣きました。孤立していた水俣の患者達を支援するグループもようやくできました。

１９６８年9月、政府は新潟水俣病の調査結果と共に、ようやく「水俣病の原因はチッソの工場排水による」と発表しました。最初の患者が発生してから15年目のことでした。

患者達は改めて補償請求を出しましたが、「チッソ」は「補償は１９５９年に済んでいる」

と言って応じません。

そして裁判になり、１９７３年３月20日に出された判決は「水俣病の責任はチッソにある」というものでした。

「チッソ」はついに患者達に詫びました。

これで解決？

そうじゃないんだよね。

T．自分は水銀中毒であって、その水銀は「チッソ」工場からの排水に含まれていた物によると分かれば、補償してもらえて治療費も生活費も払ってもらえるけど、その証明は簡単じゃないよね。
この工場排水の水銀がどの位の範囲に拡がって、その海域で獲れた魚をいつ頃、どの位食べたかということが証明できなくちゃならない。

今まで、２万人もの患者が「チッソ」工場の排水を原因とする水俣病であることを認定して欲しいと求めましたが、認定されたのはわずか２２７１人なんです。

認定を求めているうちに亡くなった方も多くいらっしゃる。今、認定を求めて争っていらっしゃる方だって、早くしてあげないと亡くなってしまう可能性もある。

水俣病はまだ終わっていないんです。

［2校時目］　VTR視聴

「ドキュメント　生きて　そして訴えて」　日本テレビ

T．水俣に生まれた一人の胎児性水俣病の女性がいました。
名前を坂本しのぶさんと言います。

しのぶさんは発育が遅く、小学校は病院から通いました。

しのぶさんは小学校の先生に、「あんたにものを教えても無駄だ」と言われたことをはっきりと覚えているそうです。

20歳ぐらいになって、自分が水俣病であることを理解するようになった頃、しのぶさんは、ベトナムで枯葉剤の後遺症で苦しむ子どもたちのことを知ります。

T．みんなベトナム戦争って知ってる？（聞いたことはあるという生徒が数人～持ち上がり学年の時はこの日のために1年で学習済み）
ベトナムって国は聞いたことがあるでしょ、日本よりずっと南の東南アジア・南シナ海に面しているここです。（簡単に板書）

T．1960年代から70年代初めにかけて、大国アメリカはこのベトナムを侵略します。ベトナム戦争といいます。
最大で55万人の兵士を投入、核兵器以外のあらゆる兵器を使いますが、ベトナムの人たちの祖国を守りたいという気持ちが強く、アメリカは苦戦します。

特にこのベトナムは熱帯に近いからねえ、自然の、特に植物の様子はどうなっているでしょう。

C．よく育っている。

C．ジャングル！

T．その通りです。

内陸部はジャングルに覆われています。

ベトナムの兵士はこのジャングルを天然の要塞としてゲリラ的に戦いました。ジャングルで覆われた地下にトンネルを掘って、あちらで戦ったと思ったら、今度はこちらという風に変幻自在です。

多くの戦闘要員の犠牲を出したアメリカは、ジャングルが邪魔だと考えます。ジャングルを無くしてしまおうと。いかにもアメリカ的な考えではあるよね。

T．ジャングルをなくすために、アメリカはどんな手段を考えただろう？

C．木を切る！

T．それはありだけど、でもあまりにも数が多いよ。1本1本切っていたら大変だ。

C．燃やす！

T．そう、「燃やす」があるね。

T．ちょうど東京大空襲を始めとする、対日本で使われた焼夷弾をより高性能にしたナパーム弾が使われました。高性能の油脂が入っていて、一発で幅２００ｍ、縦２㎞が火の海になる。ジャングルを無くすもう一つの方法があったんだけど、なんだろう？

C. んー？

C. 枯らす！

T. そう「枯らす」です。

アメリカは国内の植物を枯らす農薬『除草剤』の生産をフル回転させて、ベトナム南部に撒きます。

南部の1／10の面積に撒いたと言われます。これが「枯葉作戦」、撒いた除草剤を「枯葉剤」と呼びます。

今でも広大なジャングルが枯れてしまった写真が残されているけど、この「枯葉作戦」は、それに留まらない甚大な被害をベトナムの人たちに与えることになりました。

T. 実はベトナムで撒かれた農薬「枯葉剤」にはダイオキシンという猛毒、人間が作ってしまった化学物質としては最高の猛毒が含まれていました。

これを直接浴びるのは人体にかなりの影響を与えるのですが、一番悲惨だったのは、人の染色体を壊すということでした。染色体には遺伝子情報がのっているから、枯葉剤を浴びた人から生まれてくる赤ちゃんは奇形が多くなってゆく。「指は片手で5本ですよ」という遺伝子情報が壊れるわけです。お母さんだけでなく、お父さんが浴びても同じことが起きる。

みんなこういう双子知ってる？（結合体双生児の略図を板書）
　こう上半身はちゃんと2人分あるんだけど、下半身が1人分しかない。
　名前は？　そう、ベトちゃん、ドクちゃんだよね。のち、ベトちゃんの体調が悪くなって
このままだと2人とも危ないというので分離手術をします。
　その大手術は成功したのだけど、やはりベトちゃんは元気に戻れず亡くなり、ドクちゃん
の方はずっと元気で、最近結婚までしました。

T．水俣の坂本しのぶさんは、このベトナムのベトちゃんドクちゃんのことを知ります。
　そして「同じだな」と思う。

　水銀に侵された自分たち水俣の子どもたちと、ダイオキシンに侵されたベトナムの子ども
たちとは「同じだな」と思うんです。

　そしてベトナムにまで行って、ベトちゃんドクちゃんを励ましたいと思う。

　では、それを記録した番組を見ましょう。

＊

VTR視聴「ドキュメント　生きて　そして訴えて」

　熊本県水俣市。

「枯葉剤の後遺症に苦しむベトナムの子どもたちに検診車を」の募金で仲間と共に街頭に立

つ坂本しのぶさん。

しのぶさんは胎児性水俣病として水俣市湯堂に生まれた。

5歳まで歩くこともできず、小学校は病院から通った。

そのころ学校の先生に「あんたにものを教えてもムダだ」と言われたことは忘れられない。

20歳ぐらいになって、しのぶさんは水俣病というものを理解し始める。

今は自立の道を求めて支援の仲間と生活しているが、よく人に「親御さんが元気なうちは良いけれど」と言われる。それはしのぶさんには「早く死ね」と言っているように聞こえるという。

ベトナムの子どもたちのことを知ったしのぶさんは、検診車をベトナムに送る会のメンバーと一緒にベトナムに行くことを決意。

「水俣とベトナムは同じ問題でしょ。子どもたちは悪くないでしょ。だからベトナムに行って励ましたいなと思ったの」と語るしのぶさん。

枯葉剤によって全く木が生えなくなってしまった山を見に行ったり、ダイオキシンの後遺症で障害を持った多くの子どもたちと会うしのぶさん。

そしてズーズー病院にいるベトちゃん、ドクちゃんに会いにいく。

ベトちゃんは体調が悪く意識が朦朧としている状態だったが、ドクちゃんは極めて元気で、日本語も覚えていた。

手作りの折り紙と何日間も考えたメッセージを手渡すしのぶさん。

「私も頑張るから、ドクちゃんも頑張って下さい」と伝える。

その後、ホルマリン漬け標本になっている、母の手に抱かれることなく逝った多くの奇形の胎児と出会う。廊下の壁を叩いて泣くしのぶさん。

そして最近生まれたばかりの統合体双生児ソンくん、ファーくんにも出会う。兄弟は肝臓を共有して腹部でくっついていた。

最後、ベトナムの海岸で遊ぶしのぶさん。

「ベトくん、ドクくんへ
こんにちは、坂本しのぶです
私は胎児性水俣病です
私は水俣病もダイオキシンの汚染も
二度と同じことを繰り返して欲しくないから
ベトくん、ドクくんも
世界中の人がそのことを知るまで
訴え続けてほしいです
私は今、同じ仲間もいるし

水保病の身体を恥ずかしいと思いません
生きていれば
いつかは生きていて良かったと思う日が来ます
お元気で
坂本しのぶ

ベトくん、ドクくんへ」（注10）

T．だからこの番組のタイトルは「生きて、そして訴えて」といいます。

＊

〈生徒たちの感想〉

「自分が胎児性水俣病であるということを受け止めて、世界の自分と同じような人を励ましに行っている坂本さんはすごく強くて優しい人だと思いました。

最後に水俣病の自分は恥ずかしいとは思わないと言っていたのが感動しました」
（2年　K・S女子）

「私は日本にも公害病で今もずっと苦しんでいる人が沢山いることを知りました。本当はそういう人を私たち助けてあげないといけないと思います。

でも、病気の人が、同じような病気の人を助けていて、自分よりも他人を優先するなんてすごいと思いました」

（2年　M・Y　女子）

「坂本しのぶさんが2人を励ましにいくところが感動しました。

今日のビデオを見て、水俣病やダイオキシンは怖くて、大変な思いで生きているんだなと思いました。

お母さんに抱かれずに死んでしまった子供たちは何も悪くないのに……かわいそうでした」

（2年　S・A　女子）

次時の冒頭にいくつかの感想を紹介し、現在でも外国に行って講演しているしのぶさんの新聞記事を見せ、水俣病について訴え続けておられることを紹介して終わりとしました。

〈追記〉

2017年8月16日、国際的な水銀規制のルールを定めた「水俣条約」が発効しました。

条約には、新規の水銀鉱山の開発禁止・一定量以上の水銀を使った製品の製造・輸出入の禁止・水銀廃棄物の適正管理などが盛り込まれましたが、最初は2013年に熊本県で開かれた国際会議で採択されたものです。

そして、9月末にジュネーヴで開かれた第1回締約国会議において、60歳を超えた坂本しのぶさんが水銀被害の根絶を世界へ訴えるスピーチをしました。

（上掲朝日新聞）

胎児性水俣病という、公害の中でも最も悲惨なかたちを体験している坂本さんだからこそ、同じような痛みにある人々を励まし、世界に訴えることができます。

「こうだったからこそ、こうなれた」

という、「人生の型」の第3段階としての「人間の使命」を今も見事に果たしておられる方だ

「水俣病は終わっとらん」世界へ

胎児性水俣病患者 坂本さん

記者会見で話す胎児性水俣病患者の坂本しのぶさん＝熊本県水俣市

水銀規制の国際ルール「水俣条約」の発効を受け、熊本県水俣市の胎児性水俣病患者、坂本しのぶさん(61)がスイス・ジュネーブで9月下旬に開かれる第1回締約国会議にあわせて現地入りする。国連人間環境会議が開かれたスウェーデン・ストックホルムで水銀被害を訴えてから45年。被害の根絶を改めて世界に訴える。

母親のおなかの中で水銀の被害を受けた坂本さんは、中学3年だった1972年にストックホルムを訪問。会話や歩行が不自由な自らの身をさらして被害を伝えた。この会議を機に創設された国連環境計画(UNEP)が水銀規制の議論を進め、前文に「水俣病の教訓」をうたった条約が発効することになった。

水俣病の公式確認から60年が過ぎ、患者は高齢化。坂本さんも体のこわばりなどの症状が悪化し、移動には車いすが欠かせない。締約国会議では、閣僚級会合の前に設けられる「水俣への思いを捧げる時間」でスピーチする見通し。

16日、水俣市内で記者会見した坂本さんは「やっぱり、水俣病が終わっとらんことと、水銀のことをいろんな国できちんとしてほしいということを言いたい。私もいつまで話すことができるか、と思ったの。だから、できることをやりたいと思ったの」などと話した。（奥正光）

（2017. 9. 18　朝日新聞）

と思います。

そのことも生徒に伝えました。

＊

「日本地理・九州地方」

［1校時］九州地方の概観　地形と県名の作業

［2校時］沖縄

［3校時］北九州の製鉄業の歴史

［4校時］水俣病（1校時目）

［5校時］VTR「生きて　そして　訴えて」（2校時目）

［6校時］九州南部とシラス台地

	学習内容	指導上の留意点
導入	**1校時目** ○水俣病とはどんな病気か考える	
展開	○資料を読む「奇病の発生」 ○水俣病のいきさつを知る	○ユージン・スミスが撮影した胎児性水俣病の写真を見せる
まとめ	○今も水俣病は終わっていないことを知る	
導入	**2校時目** ○前時の振り返り ○胎児性水俣病患者・坂本しのぶさんの紹介	
展開	○ベトナム戦争と枯葉剤の被害について学ぶ ○VTR「ドキュメント・生きて　そして　訴えて」を視聴	○人生の3つの型の第3段階「こうだったからこそ、こうなれた」を思い出させる
まとめ	○感想を書く	○次時に感想の紹介と、坂本しのぶさんの最近の活動について伝える

第三章
教師になってゆくこと

教師は初めから教師なのではなく、教師になってゆくのだと思っています。

（1）かつての私

私が新任で行ったA区の中学校の荒れようといったらありませんでした。

新任なのにいきなり3年生の担任になったのですが、それは他になり手がいなかったからです。

この時、学年主任だったのが、この中学校での荒れる生徒たちとの交流をテーマにして映画化もされた『ブリキの勲章』を書かれた能重真作氏だったのですが、能重先生ですら20数年間でこんな学年は初めてだとおっしゃっていました。

なにしろA区にある28校の中学校を牛耳り、その筋からお誘いが掛かるほどの凄みを持つ総番長がいて、副番長格が一クラスに3～4人、一声かかればパッと集まる子分が10人ほど、だから学年250名ほどの生徒のうち男子だけで50～60人は番長グループの一員で、何かと教師と対立していました。

私もまだ若かったから、「目指すは金八先生」と真正面からぶつかり合い、パイプ椅子でやり合ったり、着けていたネクタイを引っ張られて首を絞められたりしたこともありました。

当然授業も大変でした。

それまで学生だった自分が、4月になっていきなり40人ほどの中学3年生を前に教師として授業をするのですから、歴史的分野の第一次世界大戦からやってくれと言われても、歴史が専門だったわけでもなく、（専門的に学んでいても、学問と授業創りとは全く違います）何をどうしたらいいのか見当もつきません。

多忙な先輩教師が一時間一時間授業の作り方を教えてくれるわけでもありません。

生活指導や行事、毎日の業務が押し寄せてくる超多忙の中、必死になって教科書の該当ページを読んで、教科書会社が発行している指導書に従って板書計画も作り、やっつけ仕事のように授業に向かいます。

自分でも中身が薄いことは良く分かっており、生徒たちに「なんだ、この授業」と言われるのではないかと不安を持ちながら授業していますから、その不安は生徒たちに伝播して、授業中落ち着かず、私語が増えます。

その様子を見た私は「まずい、生徒が聴いてくれない」とますます不安になり、「ちゃんと聴け」と怒ってしまうという、負の連鎖に陥ってしまっていました。

良く「教師の登校拒否」にならなかったなあと思うほどの厳しい状況の中、転機が訪れます。

1学期に歴史的分野の現代史から公民的分野の基本的人権の授業、2学期になって国民主権から平和主義という憲法学習をしてゆく中で、日米安全保障条約についての授業になりました。

それまでは基本的に先述した指導書をもとに授業案を作っていましたが、この時はそこから離れて、横浜市緑区の住宅街に米軍のファントムジェット戦闘機が墜落し、２人の男子が犠牲となった事件を取り上げることにしました。

のちに市販の授業用参考書にも載るようになった事件でしたが、それを取り上げることにしたのは、ちょうどその頃、犠牲になった2児の母親への移植用の皮膚の提供者を募っていて、私の母親が「皮膚はあげられないけど、お金なら少しだけ……」と思って送金したという話を聞いたばかりだったからです。２児の母親の父に当たる方が書いた記録『あふれる愛に』も読んで胸打たれた直後でもありました。

この御家族に起こった事件の理不尽さと悲しみ、怒り、悠々とパラシュートで降りてきた米軍パイロット、負傷者の病院搬送よりも先にそのパイロットとジェット機の破壊された機体の重要部分を運び去ろうとする米軍の態度などを、どうしても生徒達に聞いて欲しいという気持ちで話をしました。

普段だったら一つ話を進めては、聴いていない生徒がいるかどうか気になってギクシャクしてしまうことが多かったのですが、この時は生徒達が聴いてくれるかくれないかはほとんど気になりませんでした。ただ伝えたい、聴いてほしいという気持ちだけでした。

いつの間にか生徒達はシーンと静まり返り、話に聴き入っていました。

授業後、副番長格の一人が近付いてきて、

「先生、今日の話面白かったよ」

と言いました。

その時、「そうか、授業で大切なのは何を教えるかでなく、何を伝えたいと願っているかなんだ」と一つ胸落ちした気がしたのです。

とは言っても、指導要領で教えなければならないものが決まっている以上、一つ一つの単元で「これを伝えたい」というものを摑むのはかなり困難です。

それでも、授業を重ねていくうちに、私は社会科の授業を通して、そこに生きてきた人々の「願い」を子供たちに伝えたいのだなあということが分かってきました。

しかし、分かったことがあっても、それを生き続けることが出来るかどうかは、また別の話です。


A区の中学校での勤務から5年たって、学校が何とか落ち着き始めたころ、私は東京西部のF市の中学校へと異動していきました。

A区の中学校は荒れてはいましたが、番長格の生徒たちと話が通じると、授業を含めた学校生活は何とか過ごせるようになっていきました。

しかし、異動していったF市の中学校は全体が崩れていました。

授業規律は乱れ、生徒同士のケンカや対教師暴力などが頻発、テレビ朝日の「やらせリンチ事件」というのが起きた学校でもありました。これは、多摩川の河原で女子生徒たちが他の生徒をリンチしてしまったのを聞きつけたテレビ局が「もう一回やってくれ」とやらせて、その映像をテレビで流したという事件でした。

帰りの学活で担任がクラスに行くと、「むしゃくしゃしていたから」という理由だけでクラスの生徒に殴られ、救急車で運ばれるということもありました。

私も、授業を受け持っていない学年の生徒が授業をさぼっているのを注意したら、その注意の仕方が気に入らなかったらしく、休み時間になって職員室の自席にいた私目がけて、真っ直ぐ突っ込んでこられたこともあります。

そのような環境の中で、教員の方も常にイライラし、生徒を力づくで何とかしようとしては、関係がますます悪化する悪循環に陥っており、学校全体が暴力的な波動で覆われていました。

担任をしていた1年生のクラスに、仲良し女子3人組がいました。

勉強があまり好きではない、この3人が同じ班を作り、授業中だろうが学活中だろうが、教師が話をしていても、お構いなしにおしゃべりを続けます。注意しても静かにならず、私のイライラも募っていきました。

ある日、女性の音楽の先生に声をかけられました。

「お宅のクラスの女子3人だけど、音楽の時間ちっともやらないで、好きなことばかりやっているの。今日も勝手に席を変えて3人でおしゃべりしているし、注意しても反抗的だったり、ちっとも聴いてくれないの」

「分かりました、言っておきます」

と、答えたときの私の心の中は、もう3人に対して怒り始めていました。

今だったら、子どもたちの気持ちの事情とかも聴いてあげよう、そのためにはリラックスできる場所を作ってあげようなど出来るかもしれません。

しかし、その時の私は音楽の先生に言われたことで、担任としてあなたはなっていないと責められたかのような気分になってしまい、こんな嫌な気持ちにさせたあの子どもたちを許すわけにはいかないという、典型的な気持ちの構造にはまってしまいました。しかも、子どもたちは「良くない」ことをしているのですから、叱るべき正当な理由があります。

私は3人を応接室に呼びました。私の心の中はもう、机の向こう側に座っている3人をどう反省させるかだけで一杯になっていました。

それから起きたことは、思い出したくもないぐらいです。

3人は殊勝というよりは、文句でもあるのとでも言いたげな、ふてぶてしい態度に私には見えました。

ここはちょっと力をいれて、わざと怖い口調で言おうと考えました。

「3人は何だか、音楽の時間にずい分好きなことをやっているそうじゃないか」

ところが3人は「好きなことって、何ですかあ」と聞き返してきます。

「自分たちで勝手に席を替えて、授業中に好きなことをやっているということだよ！」

きつく、叱るように言いました。３人はさらに、何言ってんの、この先生と言わんばかりに、顔を横にそむけます。そこで、さらに力を入れて言いました。

「授業っていうのは、自分の好きなことをやっていればいいのか、えっ？　先生が一生懸命教えようとしてくれている時に、自分は好きなことさえやっていればいいっていうのか！」

そして、机を思いきり叩きました。これは私が前任校A区の中学校にいた時に覚えた、生活指導の戦術です。大抵の女の子、ましてや一年生でしたら、まず間違いなく、教師が思いきり机を叩けば、みな恐れをなしておとなしくなります。かなり有効な戦術のはずでした。

ところがこの３人は、おとなしくなるどころか、ますますふてぶてしく、ますます目つきを険しくし、横を向いてしまいます。

私は焦りました。

もう、私の頭の中には、何としてでもこの子どもたちに、悪かったと反省させなければ、しかありませんでした。

次の瞬間、私は目の前にあった机を思いきり、しかし女の子たちにはぶつからないように、ほかの机めがけてひっくり返しました。

スチールとスチールがぶつかる、けたたましい音がしました。同時に私は怒鳴ります。

「黙っていたら、わからないだろうが、えっ！　いつまで黙っている気なんだよ！」

「どうなんだ、授業中っていうのは、先生方がどんなに一生懸命やっていようが、自分の好きなことをやっていればそれでいいのか、どうなんだ！」

凄まじい私の剣幕に、さすがに怯えた様子の彼女たちは涙をぽろりとこぼしながら、「いけないと思います」と答えました。

私はほっとしました。

腰を下ろして、3人の顔を見ながら、

「先生はな、3人が好きなんだよ。だから、3人には人は何してても、自分は好きなことさえしてりゃいいんだというような人間になってほしくないんだ、わかるだろう？」

本当に3人を愛しているような気にさえなって語りかけました。

3人はまたぽろりと涙を流しながら、うなずきました。

3人を教室に返して職員室に戻った私は、わざと朗らかに同僚に報告しました。

「いやー、また机をひっくり返しちゃいましたよ、あははは」

「えーっ、それでどうでした、3人の様子は？」

「いやあ、涙こぼして悪かったって言っていましたよ、ははは」

いくら大声で笑っても、心の中は殺伐とした荒野のようです。心の空虚さは消えません。

どんなに言葉で、子どもたちを愛していると言っても、実際はそうでないことを、自分の心は十分に知っていました。ただ自分の安心のために、自分が駄目な教師と評価されないために、子どもたちに無理やり反省させたのに過ぎないのです。

しかも、力ずくで子どもたちの心の扉をこじ開け、土足でずかずかと入り込んでいきました。

彼女たちは数日間はおとなしくしていましたが、しばらくたつと案の定、休み時間などに聞こえよがしに「机をひっくり返してさ、お前たちが好きなんだよ、だってさ」としゃべっています。私は失敗したという、辛い気持ちを持ち続け、彼女たちとの関係は硬直していくことになります。


こういう関わりしかできなかったのです。

どんなに大学でルソーやペスタロッチを学び、「子どもの中に内蔵されている可能性を発見しましょう」と言われても、厳しい現場ではそれは通用しない、それはただの理想で、この「ひどい」子どもたち相手には無理だとしか思えなかったのです。

同僚も先輩も、誰も子どもたちとの本当の関わり方など教えてくれませんでした。「あいつら生意気だから、どんどんやっちゃっていいですよ」と言う同僚ばかりでした。

ときは１９８０年代中頃、最初の校内暴力の嵐が吹き荒れていたころです。

授業を聴こうとしない子どもをどう指導して授業を聴く生徒にするか、いつもだらしなく遅刻ばかりする生徒をどう指導して、生活習慣を整えさせるか。

常に、「どうしたら『ひどい』子供を変えることができるか」ばかり考えていたのです。

しかも、子どもたちに「変われ」「成長しろ」と言って、子どもたちが直ぐに変われるわけではありません。

頑張っても頑張っても、子どもたちは良くなっていかないように見え、思い通りにならない現実に、私は疲労が溜まり、ストレスでやがて体を壊し、退職することになりました。

その時に、10年間の教員生活の振り返りをしました。（注1）

次第に、常に子どもたちに「変われ」と言い続け、時には威嚇すらしている自分の姿が客観的に見えてきました。

これは、子どもたちは嫌だったろうなと思いました。

もっと楽しい学校生活が過ごせたはずなのに、自分のせいで嫌な時間にしてしまった。

子どもたちに申し訳なかったと、心から後悔が湧いてきました。

願いを持って教師になったはずなのに、なんでこうなってしまったのだろう。

その問いかけの中で徐々に、もしかしたら「ひどい」子どもたちととらえる、その自分のとらえ方こそが問題だったのではないだろうかと考えるようになってきました。

そして、「ひどい」子どもたちと思い始めたら、それを止めて、「もともと内に素晴らしい光を持っている」子どもたちと思うことへと、心を転換することはできないだろうかと考え始めました。

（2）トータルライフ人間学との出会い

その時に指針となったのが、高橋佳子氏が提唱されていたトータルライフ人間学でした。

トータルライフ人間学は膨大な理論と実践の体系で、その全体像を示すことはここではできませんが、「教育」という視点からは大きく2つの柱があるように思います。

その2つとは、

「人間は永遠の生命を抱く魂としての存在である」

「心が変われば現実は変わる」

です。これを少し述べたいと思います。

「人間は永遠の生命を抱く魂としての存在である」

トータルライフ人間学では、「人間は永遠の生命を抱く魂としての存在である」ととらえます。

そして、「誰もが果たしたい魂としての願いを持って生まれてくる」と考えます。（注2）

「人間は魂としての存在である」と言われたときにどんなふうに感じられるでしょうか。「魂」といっても曖昧な言葉ですし、気味が悪いと思われる方もいらっしゃるかもしれません。

ここでいう「魂」とは人間が人間である、その本質としての「願い」ということと受け取ってください。

私たちは、子どもたちは「中身空っぽ」の未熟な存在であり、だからこそ少しでも多くの役に立つことを教え込まなくてはならないと考えてきました。

しかし、高橋佳子氏はそれは誤った認識であり、子どもたちは、既にその内に願いと智慧を持って生まれてきて、今はそれを忘れているだけだと示されました。

私は、そのことに衝撃を受け、及ばずながら実験してみようと考えました。

見えないけれども一人一人がその内側に願いを持っていることをイメージし、その願いが引き出されて、現れてくることを念じながら授業をし続けてみました。

すると、ある時から出てきたのです。この子どもたちの中にこれほどの光があったのかと驚くことばかりでした。それを体験させてもらうのはかけがえのない歓びでした。（注3）

序章、第一章、第二章で述べさせていただいたのが、その授業の記録です。

いま世界は、かつてない混沌の中にあります。

2000年代以降、あらわになり続けている世界資本主義システムの限界。

その現れとしての世界中を覆う経済格差と南北問題。そこから生じる民族・宗教紛争と、蔓延するテロ。

経済偏重が引き起こした地球温暖化を始めとする待ったなしの環境問題、エネルギー問題、人口問題や食糧問題。

少子・高齢者社会が持つ問題。

どれ一つとっても、今までの人類が体験したことのない、重い課題ばかりです。

その解決策は簡単には見えず、「もう無理だ」とあきらめるか、「そのうち誰かが何とかしてくれる」と現実から目をそらすしかないように思えます。

しかし子どもたちこそ、この困難を解決に導き、世界を次の段階へ飛躍させてくれる担い手であり、またそのための同志だとしたらどうでしょう。

子どもたちは世界の困難・問題を解決し、より良い未来を創っていきたいという「願い」を持って生まれてきた「魂としての存在」だとしたらどうでしょう。

世界にいかに多くの裂け目ができ、穴が開き、多くの人々がそこへ落ちていこうとも、一人の子ども、一人の人が一つの裂け目、一つの穴を埋め人々を救ってくれるとしたらどうでしょう。

ある子どもの「願い」が環境問題に解決の糸口をつけてくれるかもしれません。

ある子どもの「願い」は絆の切れてしまった家族の再生といった身近なものに、あるのかもしれません。

今は本人に分からなくても、その「願い」を思い出し、生きていってもらうようになるために教育はあり、そのために社会科授業はあるのではないかと思うのです。

「心が変われば現実は変わる」

とは言っても、日々の激務の中で、「一人一人がその内側に願いを持っていることをイメージし、その願いが引き出されて、現れてくることを念じながら授業を行う」など、なかなか難しいというのが正直なところです。

週に20時間にもおよぶ授業とその準備だけでも大変な仕事ですし、学校・学年行事の計画と実行、息つく暇もなくやってくる日々の業務と、直ちに応えなければならない管理職・行政からの要請、読まなければならない書類の山、保護者への対応。

さらにもし、心の休憩所であるべき職員室での人間関係がぎすぎすしたものであれば、その葛藤もあって一日が終わったときには口もきけないほどくたくたになってしまいます。精神的に参ってしまう先生方が多いのも当然です。

ましてや子供たちが荒れでもしたら、「こんな授業をしてあげたい」などと思う元気も出ません。

教師に反抗してくる生徒に対して「この生徒が持っている願いを引き出したい」など思えと言っても無理です。最悪の「ひどい」生徒と会ってしまったとしか思えません。

それでも、どんなに荒れた、どうしようもないとしか思えない生徒に対しても、彼の内に隠されていた「願い」が現れて来る瞬間に立ち会わせてもらう歓びを味わうことができます。

そのための原則が「心が変われば現実は変わる」です。

この言葉を教育現場に置き換えると「教師が変われば生徒は変わる」（注4）になります。

その「教師が変われば生徒は変わる」とはどのようなイメージなのか、体験談を交えて述べたいと思います。

「教師が変われば生徒は変わる」〈体験その1〉

私は宝石商から転じて、28歳の時に教師になりました。

5年間ずつ、2つの中学校に勤務しましたが、前述したように両者ともとても荒れた学校でした。私は身体を壊して10年で退職しました。

その後は時間講師をしながら原稿を書いたり、仲間とNPO法人を組織し、オルタナティヴ・スクールを作って活動したりしていましたが、57歳になって、自分が選んだ「教師」という仕事を「環《わ》」にしたいと考え、もう一度中学校の正規教員に戻ることにしました。

そして勤務したのが、東京東部のS区にあるK中学校でした。

ほぼ20年ぶりに専任教員として復帰した、そのK中学校の荒れ方は想像を絶するものでした。

新1年生の担任になったのですが、入学式も終わり、教室へ戻ろうとすると、通常なら新入生ですから担任が来るまで自席で静かに待っているところを、みな廊下に出て、遊び、騒いでいました。

声をかけて教室に入れようとすると、一人の男子生徒が私の眼鏡をみて「この眼鏡が、ぶっ飛んでいくんだぜ」と言いました。小学校のときに、先生とやりあって先生の眼鏡がぶっ飛んでいった経験でもあったのでしょう。

生徒たちは、授業中の勝手なおしゃべりは当然のことで、それを叱ってもほとんどやめようとしません。

教室からの勝手な抜け出し、喫煙、昼休みは一人の生徒を囲んでの集団リンチ、いじめ、対マン（一対一のケンカ）、器物破損、対教師暴力、さらには放課後、学校敷地内の木に火をつけるなど、1日に何件もの事件があって、その対応だけで教師は疲弊していきました。

私の所属する第1学年は2クラス、所属教員は5人だったのですが、7月に1人退職し、もう1人はうつになって、9月から学校に来られなくなりました。

2学年もまた大変でした。

教育実習生が授業をしていた時です。

あまりに生徒たちがうるさいので、実習生が「お前ら、いい加減にしろ！」と怒鳴りました。普通ならそれで静かになるのですが、この時は静かになるどころかクラス全体が「何だこいつ」という雰囲気になってしまいました。今にも実習生に殴りかかっていきそうでした。

この2学年の2組にKさんという女子がいました。

目つきが暗くて、自分自身も含めたすべての人間と世界に絶望しているかのような目に思えました。話をしていると、こちらもいつの間にか虚無的な気分になっていると言えばお分かりになるでしょうか。

教科書はもちろんのこと、ノートも出しません。授業中でも周りの生徒とおしゃべりをし続け、教室の反対側に座っている生徒とも大声で話をします。立ち歩きもします。傍若無人でした。注意をしてもますます反抗的になるばかりです。教師にしてみればやりづらいことこの上ありません。

私が担任している1年2組にこのKさんのお気に入りの男子がいて、「先生、あいつかわいいよね」と言っては、給食配膳中に友人と毎日のようにやって来ます。もちろん他学年の教室に勝手に入ってはいけないことになっていて、注意はするのですが聴くはずもありません。

荒れている学校での給食配膳の時間は、担任にとって大変なストレスです。

全員着席した班から、班ごとに担任が指示をして給食を受け取りに行かせるのですが、勝手に行こうとする生徒、給食当番からお玉を奪って、自分だけ大盛りにしようとする生徒、給食当番の「いただきます」以前に食べ始め、少しでも早くお代わりに行こうとする生徒、他の生徒のおかずやデザートを力づくで奪い取ろうとする生徒などなどがいます。

そういうルール違反や暴力が当たり前になってしまうとクラスは荒れていきます。給食と掃除の時間から、学校は荒れていくと言われています。

給食配膳時は、そうならないよう担任が目を光らせていなければならない時間に、残念ながらもうなっていました。

その重要な時間帯に他学年の生徒が入ってくると、その生徒への対応でエネルギーが取られてしまいます。

「ほら、もう自分の教室に帰りなさい」

と、やって来たKさんたちを追い返そうとした途端に彼女が手首にはめていたビーズのブレスの糸が切れ、細かいビーズの玉が教室の床に飛び散ってしまいました。

私は瞬間怒りが沸き上がりました。

「まったく何をやっているんだ、この忙しい時に！　何でこんな迷惑かけるんだ！」

という言葉が口から飛び出しそうでした。

が、それをそのまま口に出し、表情に出しても、いい結果にならないことは良く分かっています。Kさんは「何でこんなことで、そんなに怒るのよ！」と反対に切れて、ことが大きくなりかねません。

口から出そうになる罵倒を必死に止めて、一呼吸した後、飛び散ったビーズを拾うことを手伝い始めました。バラバラのままでは手の平に集めることも難しいだろうと不要なプリント用紙を持ってきて、それを使ってビーズを集め、さらにもう1枚の上に乗せてあげました。

Kさんは「ふじぴー（当時の私の愛称）、ありがとう」と受け取り、その場で切れた糸にビーズを通そうとし始めました。

「それは時間がかかるから、持って帰ってゆっくりやったほうがいいよ」と提案しました。

さすがに自分のクラスの給食にも遅れてしまうと思ったのか、彼女たちはあわてて教室を出ていきました。

次の日のこと。

休み時間廊下を歩いていた私をKさんが見つけ、遠くから

「ふじぴー、昨日のブレス直ったよー」

と明るく声をかけてきました。

私はそのことはもう忘れていましたし、正直ブレスがどうなったかも関心がなかったのですが、

「そう、良かったねー」と大きな声で返事をしました。

次の2年2組の授業に行って驚きました。

Kさんが、私が授業を始めて数か月たって、初めてこの日ノートを開け、授業の板書を静かに写しているのです。Kさんだけでなく、いつもおしゃべりしている他の友達までもです。

「あれっ？」

と思いましたが、その次の授業も、またその次の授業も同様でした。ずうーっと、そうでした。以来、2年2組の授業の雰囲気が変わってしまいました。皆の中で、授業をちゃんと受けようという気持ちが初めて出てきたかのようでした。

Kさんは1か月後の2学期末試験で、54点を取りました。1学期末試験の得点20点から見れば画期的です。

本人も喜んでいましたし、クラスも変わってしまいました。

クラスが変わっていくその流れは、Kさんに対して、

「まったく何をやっているんだ、この忙しい時に！　何でこんな迷惑かけるんだ！」

という罵倒が口から出そうになるのをとどめて、自分の心を彼女の気持ちを受け入れることへと転換し、ビーズを拾う手伝いをしようとした、あの瞬間に始まったことは、今振り返ってみれば明らかです。

生徒がその場にあるまじき（と教師が思える）行動をしたときに、教師の心の中に湧き上がってくる怒りや責めをまずはとどめ、生徒の言動を受け止め、受け入れようとすることから新しい現実が始まります。

怒りや責めをとどめるだけでも大変なことです。私も、歯を食いしばって我慢した、という感じだったと思います。

生徒は自分の行動の善悪は分かっています。

自分で「失敗した」と感じている行動を教師に「お前、失敗しやがって」という意味のことを言われると、生徒は傷つき、反抗します。

反対に「失敗した」と感じている行動を責められることなく受け入れてもらうと、この感覚は生徒の心に、私たちの想像以上に深く刻まれます。

たった一度でも、無条件に受け入れてもらったと感じると、その生徒と教師の関係は全く変わってしまいます。

「教師が変われば、生徒は変わる」です。

教育は、教師対生徒たちの、「一対多」の営みではないように思います。

あくまでその原点は、教師対生徒一人、「一対一」なのだと思います。

その一人に対したときに、明らかに「教師が変われば、生徒は変わる」です。

それを忘れて「生徒たち」ととらえ、うるさいクラスを良くしようなどとすると、反対にクラスは悪くなってしまうことが多いのではないでしょうか。

「教師が変われば生徒は変わる」〈体験その2〉

私が赴任して2年目に、Ｋ中学校には教員全員がトランシーバーを持つことが導入されました。

教師と生徒がトラブルになったときにすぐに応援を求めることができるように、あるいは生徒が授業中教室から出て行ってしまったなどの出来事があった時に他の教員にすぐに連絡が取れるように、常に小型のトランシーバーを胸ポケットに入れて、イヤホンを耳に入れ、授業もすることになりました。

うっとうしいことこの上ありません。

それに、授業をしていない、本来ならばホッとできる空き時間の方が大変になりました。トランシーバー導入後、空き時間で職員室にいると、連絡を受けて教室からいなくなった生徒を、時として校外にまで探しに行きます。それが体力的にも精神的にもきつくなったりします。授業をしているときの方が、まだ教室内の生徒を相手にしていれば良いのだから楽だなどと思ったりもしました。

私は、1学年から2学年に進級した生徒たちをそのまま担当することになりました。この年度は担任から外れ、副担任になっていたため、授業から脱走した生徒を確保しては話を聴いたり、お説教したり、という時間が多くなりました。

Tという男子生徒がいました。

野球部員で腕っぷしが強く、根は素直なのですが、勉強は全くできず、時として暴力的になります。どの授業もわからなくてイライラし、教師を罵ったり、じっと授業を聴いていることに我慢できなくなると机・イスを蹴飛ばして脱走します。

壊されないようにこの学校の教室の扉はスチール製になっていたのですが、その扉を蹴倒して出ていきます。すごい力で、良く足を痛めないものだと感心もしていました。

プラスチック製のごみ箱は器物破損の第一目標で、簡単に壊され、粉々になります。そこでやはり、ごみ箱もスチール製のものが置かれていました。

ところがTたちにとっては、それが格好のストレス解消の目標です。文字通りボコボコになるまで蹴とばされ、最後はどうしてこんな形になるのだろうと思うほどペッタンコにされました。何をしても元の形に戻せません。そのまま廃棄です。

Tは遅刻などお構いなく、好きな時間に登校してきます。

「遅いぞ」とか「遅刻せずに来い」などというとますます荒れることは分かっていたので、責める思いをぐっとこらえて、いつも明るく「おはよう」とだけ声をかけるようにしていました。

しかし、どんなに温かい声のかけ方をしても、返事はいつも「うるせえ、死ね」でした。そのまま自分に向けられた言葉だと受け取ってしまうと、教師にはかなり大きなダメージになります。

どんな時も、そういう攻撃的な言葉を吐かざるを得なくなった彼自身の背景や痛みを知ろう、感じようとはしてきましたが、それは簡単な話ではありませんでした。

ある日、授業を抜け出したTを、別室で面倒を見ることになりました。それまでは私もつい小言を言い、彼も反抗的になって互いに嫌な気持になることが多かったので、この時は将来の話から入ろうと考えました。

「T、どう、元気かい?」

「うるせえ、死ね」

私は聞きました。

「Tは将来どんなことをしたいなあと思っているの?」

彼の答えは

「そんなもん、ある訳ねえだろう!」

でした。

いつもならそこで「それならまじめに勉強しなくちゃ」と言ってしまうところです。ところがその日はそれを聴いた途端、そう言った彼の悲しみが伝わってくるような気がして、彼が持っているはずの「願い」を感じさせてあげたいと思ってしまいました。

「Tはさあ、結構乱暴なところがあるけれども、女の子には決して手を出さないじゃないか」

「当たり前じゃんか」

「それはTの中に『弱い人たちを守りたい』という気持ち、つまり『願い』があるからだと思うんだ」

「そんなものねえよ」

「いや、自分では分からなくても、はたから見たら分かるんだよ。だから、Tは将来弱い人を守ってあげられるような仕事、例えば警察官なんかいいんじゃないかと思うんだよ」

「そんなの無理。それにオレ、マッポ（警察官のこと）なんか大嫌いだし」

「いや、いまはそうでも、Tの持っている『願い』からすれば絶対いいと思う。ちょっとそれ目指して頑張ってみろよ」

口では否定していても、話しながらTの顔はどんどん明るく、嬉しそうになっていきました。「願い」があると言われて嬉しかったのでしょうか、そこから、彼との関係が全く変わってしまいました。

朝「おはよう」と声をかけても、「うるせえ、死ね！」と返事するのは同じなのですが、その返事がとても嬉しそうなのです。

私と言葉を交わすのを喜んでくれていることが伝わってくるのです。

彼に「何だ、その口の利き方は！」とふざけてヘッドロックをすると、彼は「やめろよ」と抵抗するのですが、やはり嬉しそうなのです。「警察官になれよ」とも何度も言ってあげました。

この出来事以来、Tのみならず、ほかの大変な生徒たちとの関わりが変わってしまいました。

教師の言うことを聴いて勉強するようになったり、遅刻しなくなったりということではありませんが、心が通い合う仲間のようになってしまったのです。

その年で、K中学校は生徒数の減少から廃校となり、私はTたちとは違う学校へ行くことになりました。

Tは中学校卒業後、建設関係で働きながら、定時制高校4年間を見事に勤め上げ、卒業していきました。教師とトラブルを起こしたこともなかったそうです。

中学卒業から6年、今もTとその仲間たちに連絡すると、彼らは喜んで私の自宅に遊びに来てくれます。礼儀正しく、きちんとした服装をして、もちろん「死ね!」と言うことも、物を壊すこともありません。本当に素敵な若者になりました。Tはまだ警察官にはなっていませんが。

彼らのような若者たちと友達になれたことを心から感謝しつつ、それは「警察官になれよ」と言った、あの瞬間の「教師が変われば、生徒は変わる」から始まったことを改めて思います。

＊

いかがでしょうか。

「教師が変われば、生徒は変わる」のイメージが少しはつかめたでしょうか。

私たちは普段、子どもたちのために教育をしていると考えていますが、実は自分の安心や満足のため、あるいは人に認めてもらうために、子どもたちを良くしようとしていることがあるのかもしれません。この章の冒頭で記したF市の中学校での女子3人組への私の指導など、まさにその例でしょう。

ひとたび自分の心を見つめてみると、様々な場面で自分が不安に突き動かされていることが見えてきます。教師の内面がそのように動くとき、私たちと子どもたちとの関係は切れ、教育という営みが持つ歓びから、どんどん遠ざかって行ってしまいます。

現在の教育の諸問題は、ここから生じているものも多いと思います。

ですから、教育の歓びを取り戻すために、教師が自分の内面を見つめる眼差しを育てることがどれほど重要かは、強調してもしすぎることはないと思います。（注5）

(3)「心のピラミッド」

「人間は永遠の生命を抱く魂としての存在である」
「心が変われば現実は変わる」

という2つを柱にすれば、私たちは、教師の不安ゆえに子どもたちに「良くなれ」と求めてしまい、それが達成されないと子どもたちのせいにして子どもたちを責めてしまう私たちの心を点検し、子どもたちへの「願い」に立ち戻ることができます。
では私たちは子どもたちの姿をどのようにとらえていけばよいのかを、高橋佳子氏の言われる「心のピラミッド」をもとに考えてみたいと思います。（注6）
「心のピラミッド」とは人間の心が持つ総合力のことで、それは「菩提心《ぼだいしん》」「受発色力《じゅはつしきりょく》」「専門能力」という3段階の構造で示されます。
私はこれこそが、これまでの教育のあり方を、根本から見直す手がかりであると受けとめました。

現在の私たちの教育では、「専門能力」を育てることを主眼としています。

医者ならば医療の専門能力が、法律家ならば法律の専門能力が求められます。

家庭の主婦なら家事や家族の世話をする能力が必要です。

どのような職業や立場にあっても、現実の制約を抑え、可能性を引き出すには具体的な技術や力が必要です。技術や力があれば現実の中での具体的な要請に応えることができるからです。

しかし、専門能力さえあれば良いかというとそうではありません。

心のピラミッド

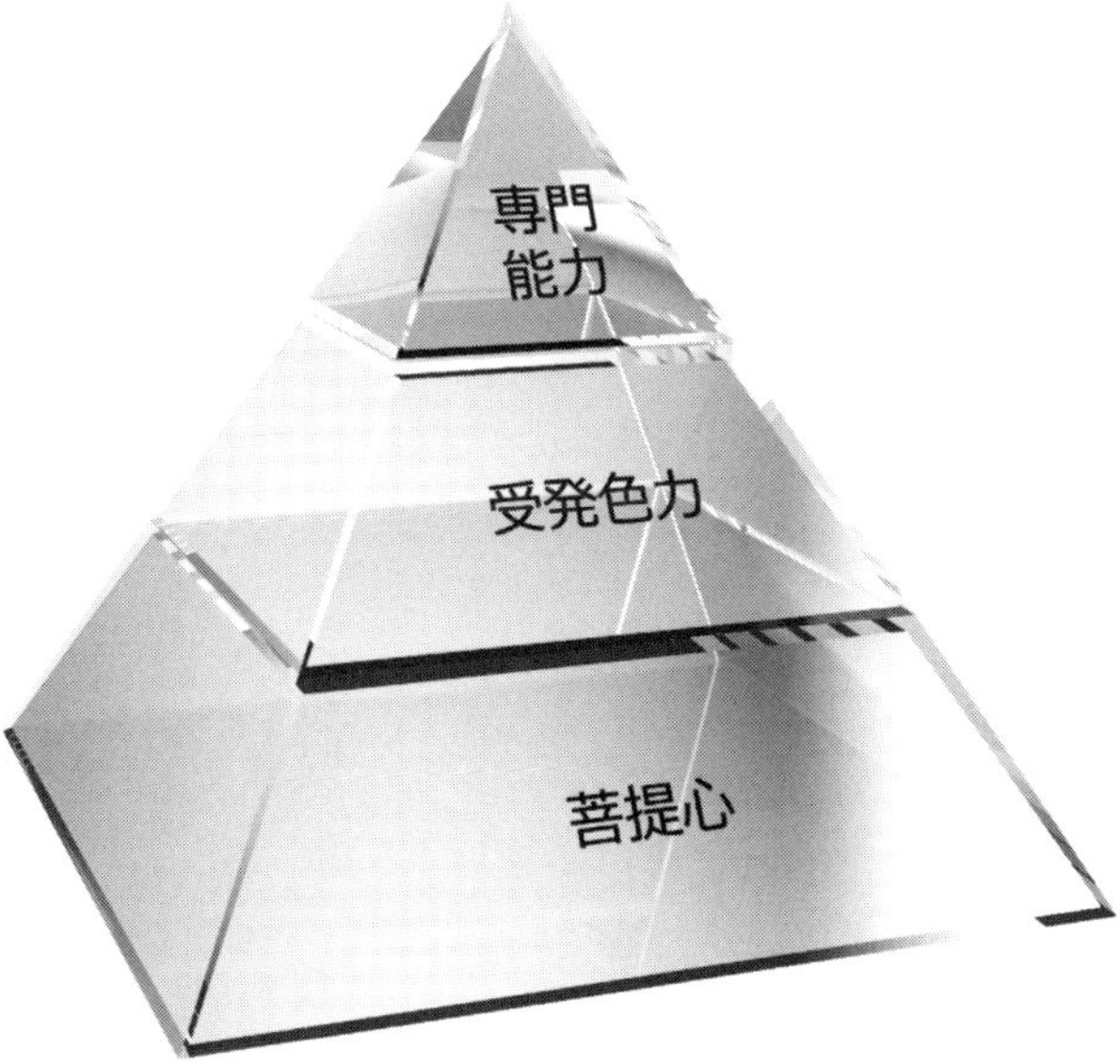

（高橋佳子著『運命の逆転――奇跡は１つの選択から始まった』三宝出版　P.206 より転載）© KEIKO TAKAHASHI

例えば専門能力として非常に優れた力をもっているはずの官僚も、その力を多くの困難にある人々を救い、助けるために使うべきはずなのに、時として国家権力や企業の利権を守るために使い、苦しむ人々を見捨てることになったりします。

専門能力の土台に、現実や試練をどう受け止めるのかという心の力「受発色力」が不可欠です。

そのことを、ご本人には申し訳ないですが、話題になったバドミントンのM選手を例として考えてみます。(現在は復帰して、再び活躍されておられます)

M選手は若くして世界の頂点に立ち、大きな賞金収入も手に入れました。

それを褒めたたえ、ちやほやする人も多くいたのでしょう、M選手の心は浮足立ち、裏カジノに出入りして賭博に手を出し、無期限の試合出場停止処分を受け、メダルを期待されていたリオデジャネイロ・オリンピック出場も棒に振りました。

このことは、どれほどの専門能力を持っていても、現実や試練をどう最も歪みのない調和の方向で受け止めることができるか(受信)、最もあるべき方向に行動することができるか(発信)、どのような現実(色)を作っていくのかを吟味できる鍛えられた心の力がないと、不調和な現実を作ってしまうということを私たちに教えてくれています。

その心の力を「受発色力」と呼んでいます。

しかし、「専門能力」「受発色力」だけでは人間の心が持つ総合力としては十分ではありません。

「専門能力」「受発色力」の下、一番の土台に世界の法則と響きあう願い、「菩提心」が息づいていることが重要になります。

高橋氏はこの「菩提心」について、このように述べています。

「このピラミッドの土台に、際限のない『欲望』や利己的な『執着心』があったら……また不遇な生い立ちの中で味わった惨めな想いの『巻き返し』や『恨みを晴らす』思いがあったら……。

そこから生まれるすべての現実は大きな歪みを抱えてしまうでしょう。とんでもなくおかしなものを生み出すことになるはずです」

「『菩提心』とはもともと仏教の言葉で菩提＝悟りを求める心ですが、『魂の学』における『菩提心』はより広い意味で、『本当の自らを求め、他を愛し、世界の調和に貢献する心』と解しています」（注7）

この「菩提心」こそが「魂の願い」につながるものだと受けとめています。

先述のように学校の授業の中では、何よりも「専門能力」を育てようとしてきました。

その甲斐もあって、戦後日本はGDP世界第2位になるまでの「日本の奇跡」と呼ばれた経済成長をなしとげました。

しかし、「専門能力」ばかりを育て、「受発色力」「菩提心」を育てようとしてこなかったことから、「心不在」と呼ばれる様々な弊害が生まれてきたように思います。

これからすべきこと

これから私たち教師がすべきことは高橋佳子氏が指摘されている通り、次のようになるのではないでしょうか。

今までの「専門能力」を育てることに重点を置いた教育から、「専門能力」「受発色力」「菩提心」をトータルに育てようとする教育に転換すること。

そしてそのような教育を実践することこそが、子どもたちを本当の意味で育てる教育なのだと自信と誇りを持つこと。

そして「菩提心」こそが、人間一人一人がもともと持っている魂としての本質的な「願い」につながるものであり、それを引き出して生きることを、子どもたちも待ち望んでいることを忘れないこと。

この「願い」が子どもたちの中から現れ、「願い」を生き始めたとき、初めて世界の様々な問題に解決の道がつき、新しい時代が姿を現してくれるのです。

第四章

実践のために

授業における実践原則とアクションシナリオ

「人間は永遠の生命を抱く魂としての存在である」
「心が変われば現実は変わる（教師が変われば生徒は変わる）」

という原理を、授業・生活指導その他の教育活動の中でどう実践したらいいのだろうかをまとめたものが「実践原則・アクションシナリオ」です。

ここでは社会科授業と生活指導の一場面におけるものだけですが、これが各教科や部活、保護者の方との出会いなど、皆さんの智慧を集めて、種々の場面ごとに作られていくことが重要になると思います。

1．授業における実践原則・アクションシナリオ

○実践原則

・この時代めがけて生まれてきた魂である生徒たちに畏敬の思いを持ち、その魂たちの「願い」が現れてくることこそを授業の願いとします。

・このような魂たちとの出会いが与えられたことに感謝して、授業の終わりとします。

○アクションシナリオ

・授業に向かう前は、生徒たちの「魂の願い」が現れる時となりますようにと、心静めて念じる時を持ちます。

↓職員室が難しいときはトイレででも、どうしても時間がないときは教室に向かって歩きながら。

・教室に入るときは、その時自分の気分が落ち込んでいても精一杯の明るさで「おはよう」と声をかけます。

↓朝の職員打ち合わせは、気が重くなることが多いですから、このアクションは想像以上に大切です。

・まずは褒めます。

「あいさつ、いつも元気あっていいね」「ちゃんと着席していたね」など、とにかく褒めることを探します。ほめることがないように思えてもとにかくほめます。昨日指示したはずのことを子供たちがやっていないことがその瞬間分かったとしても、とにかくほめます。それは子どもたちのためという以前に、何よりも教師の心を子どもたちの良いところを見ることができる状態にするということです。

もちろん、可能な限りの笑顔で。

・授業に入るときはいきなり「教科書開けて」ではなく、まず今の世界・社会でどんなことが起きているか、そのことの意味を「人間の願い」を通して考えることによって紐解く時間を持ちます。

それによって「世界をすこしでも明るくしたい、苦しんでいる人を支えたい」という生徒たちが持っている「願い」を喚起します。「志」を確認します。

↓これを続けることは生徒たちの深化・成長にとってとても大きな意味があります。

多くの生徒たちがこの冒頭の時間をとても楽しみにし、この時間によって世界を見る目が変わったとも言っていました。

例）アメリカから地上型ミサイル防衛のためのイージス・アショアを購入して、配備されることになりました。２基で６０００億円以上かかりますが、本当に必要かどうかという議論もあります。

かたや生活保護費が3年間で１６０億円削減されることになり、今年度から始まります。以前、母子家庭で食べ物がなくて子どもたちがティッシュを食べているという報道がありました。ある家庭ではおかずが買えずにコンビニのおにぎりしか食べ物がなかったとき、それでも子どもたちに惨めな想いをさせまいとお母さんは明るく「今日はおにぎり

パーティよ」と言ってあげたそうです。そういうお母さんのお気持ちを分かって、忘れずにいられる社会にしたいですね。（注1）

・授業も、ただ授業ノートを読み上げるだけのことはしません。生徒たちに向かって生きた物語として語ります。（歴史では特に）

↓概念を伝えるのではなく、言葉の「いのち」を伝えるようにします。生きた人々の「願い」を伝え、追体験できるようにします。

・授業用プリントを作成して、ノートの代わりに穴埋めをさせて生徒の自分のノートとすることもありますが、可能な限り板書をし、それをノートに書かせるようにします。

↓生徒がノートに自分で書くことによって、自分の意識に刻印されていきます。

・教師は、1時間の授業の内容の全体像が見える板書計画を立てます。あとで生徒がノートを見て、何を学んだのか、把握しやすくなります。社会事象を構造的につかむ鍛錬にもなります。（注2）

・社会科授業では映像を見せることが多くなります。「感想用ノート」などを用意して、それに感想を書き続けてもらいます。

↓生徒の「感じる力」が深まります。

↓次の時間の冒頭に、時間の許す限りその感想を紹介し、かならず「ほんとだねー」「すごくいいこと気が付いたねー」と評価します。

学習意欲が乏しかったり、問題を起こしがちな子どもは、意識して、その感想を選んであげます。名前は言わなくてよいと思います。

・授業中おしゃべりしていたり、寝ている生徒がいたとき。
↓教師の心は「むっ」として「けしからん、ちゃんとさせるぞ」という方向に動きますが、そうすると「静かにさせること」「きちんとやらせること」自体に授業の目的が行ってしまいやすくなります。

すると、生徒が言うことを聴かないと、聴かせるまで叱り続けることすらしてしまい、この授業を通して、子ども達に何を伝えたかったのかの願いがどこかへ飛んでしまう危険性があります。

そのときは言うことを聴かなくても、あとで生徒本人が振り返って「これからはちゃんとやろう」と思えればいいわけです。あくまで、子ども達の「魂の願い」を引き出すことが授業の目的だということを忘れないようにしたいと思います。

「願い」に沿った授業を続けつつ、近くに寄って、静かに起こすなどして、授業の流れを止めてしまわないようにすることも心がけます。

おしゃべりをしている生徒も巻き込めるほどの「願い」をたたえた授業をすることを心がけます。

↓どうしても言葉による注意が必要な時は、「ほら、やろう」ぐらいの最小限で。全員の前で個人を感情的に怒るのはご法度です。その子どもの中に恨みなどの負の感情が残ります。

↓何度も繰り返しているなどで、さらに注意が必要な時は、授業が終わった後「どうした、ずっと寝てたなあ」と理由を尋ねることから始めます。いきなり「駄目じゃないか」などの負の評価はしません。理由を聞いて「じゃあ次回はやろう！」で締めます。

↓休み時間など、仲間がいる中で「〇〇（生徒名）はさあ、先生が一生懸命授業やっているのに、全然聞いていないんだぜ、信じられないよ」と楽しく言うのも手です。すると仲間が「お前、何やっているんだよ」「ふざけるなよ、ちゃんとやれよ」と言ってくれます。

2．生活指導のアクションシナリオ

・その生徒の人生の「願い」に触れることを教師の願いとします。

・生活指導は、事件や問題の事実関係を調べて、正邪を決めることが多くなってしまいがちです。
↓まず最初に、その生徒の将来の夢・未来の希望（「魂の願い」がにじみ出ている可能性があります）を確認します。

・その夢や希望、願いを実現していくことから考えると、今回のことはどうだったのかという洞察に誘います。

・教員から「今回はこうこうで、こうだったたな」と状況を語ってしまわないようにします。
↓「何があったんだい？」と柔らかく問いかけ、自分から話してもらうようにします。

↓その時も正邪の物差しを当てはめながら聞くのではなく、その生徒が起こしてしまったこの事件を通して、果たしたい「願い」は何だったのか、「願い」を生きていくようになるにはどうしたら良いかを探ろうという視点を、教師が持ち続けようとすることが大切です。

・タイミングを見て、「あなたの様子を見ていて、こういういいところがあると思う、こういう願いがあると思う、とてもいい子、素敵な子だと思う」と心から語ります。

↓生徒自身も、どこかでは一生懸命生きたかったのに自分の弱さに負けてしまったことを自覚して、自分の心を小さくしています。

もう一度、「願い」の自分に立ち返らせてあげたいと思います。

↓教師が、普段から人間をどのようなものととらえていて、その生徒をどう見ているかが大事になります。

・教師は、生活指導の時には得てして、警察・検察官になりがちで、生徒に「私は間違っていました」と言わせることが目的になりやすくなります。

それは「魂の願い」を引き出す教育の目的ではないことを教師が自分の中で確認し続けることが大切です。

・最後に「願っていること・夢の実現から見て、今回のことはどう思う？」と自分で考えさせます。

・このような出会いがもとになって、心が変わってしまう生徒もいました。

例）Aという女子生徒が、快く思っていないBという生徒に成りすまして、ＳＮＳのラインで他の生徒の悪口を言って、Bの評判を落とそうとしたという事件が起きました。私が聞き取りをすることになりました。

学年の先生方は「この忙しいときに面倒なことをしてくれる子だ」という雰囲気でした。私には悪い子には思えず、穏やかに、何があったのか説明してもらいました。すると、母一人子一人の生活の中で、母親に彼氏が出来て家に入ってきて、母親が自分の気持ちに向き合ってくれなくなったという辛さを語ってくれました。私は、「僕にはAさんは本当はとてもいい子にしか思えない。いろいろ辛いこともあるだろうけど、その辛さを味わった人だけがそのあと同じような辛さを味わった人を励ましてあげられる。そういう日が必ず来るから頑張ってね」とだけ言いました。彼女はぽろっと涙を流しました。それ以来彼女は仲間に陰口を言われてもいじめなど問題行動は起こさず、一生懸命授業を受けるようになりました。彼女のクラスは学年でも最も荒れたな雰囲気があって授業がやりづらかったのですが、彼女がクラスの中央の席であまりに集中して私の話にもうなずきながら聴いてくれるので、授業がやりやすくなってしまいました。1年たつ頃には一番荒んでいたこのクラスの生徒たちの多くと、とても仲良くなってしまいました。

このAさんはその後成績も上げ、先生方の信頼を得るようになり、私が退職した直後の離任式では全校生徒の前で私に涙と共に「お別れの言葉」を読み上げてくれました。高1になった今、彼女の将来の希望は中学校社会科教師だそうです。

3. テスト問題作成のアクションシナリオ

・まず教師の「願い」をたてます。

このテスト問題を解きながら、生徒たちが持っている「魂の願い」に触れられるような問題を作ります。

ただ尋ねるだけに終わってしまわないようにします。「テストで授業をする」という言葉がありますが、問題を読んでいると新しい発見があったりすると良いと思います。

・採点のとき。

「何でこんなことも出来ないんだ」と思いやすいのが教師です。

↓「頑張ったね」と思いながら、採点すると教師の心が変わります。

・テスト返却のときが、生徒と出会えるとても大事なときです。

点数が取れなかった生徒には「何やってるんだ、ちゃんと勉強したのか」と言いたくなりますが、自分の中のその心と闘いましょう。

↓生徒たちと出会い励ます場と心得て、明るく、一言でもいいから何としてでも励ましてあげます。

点数が下がった生徒でも、「答案全体を見るとわかるんだよ、だいぶ理解し始めたね、次回はきっと形に現れて、点数も上がって来るから、頑張って」など。

これは偏差値42の荒れた中学校で始めました。生徒との関わりが好転するきっかけとなりました。

・カンニングが疑われるとき。
カンニングペーパーを持っていたとか、机の中のノートを見ていたなどの場合は別ですが、ほかの生徒の答案を見ていたのではないかなどの疑いがある場合。

↓追及して白状させたくなりますが、ここでも警察官・検事になってはいけません。

本当にカンニングしていたとしても、本人がカンニングしてしまった自分の弱さをかみしめ、次は自分の力で精一杯がんばるぞと思えるようになればいいわけです。

↓テスト中、きょろきょろして疑わしいときは、カンニングへの誘惑を止めてあげるために、生徒のそばに行って、机を少し離すなどしてあげます。

疑いだけで別室に連れていって「カンニングしただろう」と問い詰めるのは最悪のやり方です。

↓そして帰りの学活ででも、あるいはテスト返しの授業のときに、「チラチラ頭の動く人もいましたね。それでほかの人の答えが見えちゃうと、そういうつもりがなくても、人間て弱いから、つい見たくなってしまう。すると自分が弱さに負けたことが何よりつらくなる。それに、後で保護者に連絡したり、嫌なことになる。だから気を付けてね」という、人間理解を深めるような言い方をするのが良いと思います。

第五章
最後の授業

「心のピラミッド」を育てようとした授業を積み重ねたすえ、3年生たちが卒業していく中学校最後の授業では、ヴィジュアルブック『チャレンジ！』を使い、また私自身の人生史を題材にして「魂の設計図」の話をすることにしています。

未熟ながらも、私が感じてきた、「人間にとって最も大切なもの」についてのポイントも入れて話すようにしています。子どもたちは先を行く先輩の「人生のお話」を聴くのは大好きです。

T．今日は「設計図」の話をします。
　この本を見て下さい。ヴィジュアル・ブック『チャレンジ！』（注1）と言います。その一ページ目はこうです。

　世界には今１４０万種の生物がいます。それぞれがその生物でなければならない能力を持っている。

　例えばピューマ、山猫の一種は垂直に５・５ｍの枝までジャンプ出来る。３階の窓ぐらいまで来ちゃうかね。

　赤カンガルーは９ｍの幅跳びが出来る。この教卓のところからピョーンと隣のクラスまで行けちゃう。

　ハヤブサは水平飛行だったら時速１００km、狙った小鳥に向かって急降下する時は時速３５０kmにまでなるそうです。

　これはみんなもよく知っているよね、世界で一番速く走れる動物チーター。時速１００kmで走れるんだそうです。

　他にもヨーロッパモグラは２ｍのトンネルを12分で掘れる事とかが書いてあります。

『チャレンジ！――君は未来を開く冒険者』
（高橋佳子著、三宝出版）

どの生物もその生物だけが出来ることがあるんだね。

では質問です。

人間だけが出来ることって何だろう?

C. 言葉が話せる!

C. 二本足で歩ける!

C. 火を使える。

C. 道具を使える。

T. うん、それぞれその通りだと思います。

さらにもう少し、心の営みということを考えてみた時に、この本ではこういう感じで言っています。

「人間だけが夢を描いてそれを実現することが出来る」(板書する)

例えば、誰かが「速く走れたらなあ」という夢を描いたから、自動車やあるいは時速300㎞で走る列車を作った。

「居ながらにして遠くの人と話が出来たらなあ」と誰かが思ったから、電話を作った。

「鳥のように空が飛べたらなあ」と誰かが思ったから……。

C. 飛行機を作った!

T. そうだね。

ここでいう「夢を描く」というのは、「欲望」とは違いますよ。大金持ちになりたいとか、誰にも負けずに成功して大企業の社長になりたいとかだけだと、自分さえ良ければいいという「欲望」になっちゃうからね。

「夢を描く」っていうのは「願い」のようなものです。

病気で苦しんでいる人をなんとか治してあげたいと願ったから、薬や医療技術が開発されてきたんだね。

T．そして「夢を描く」ということは「まだ見えていない設計図」を探し出して、それを開いていくということでもあるんです。

「空を飛べたらなあ」という「夢を描く」ことに関して言えば、今から100年ぐらい前にある修道士がこんな翼を手に付けてね、修道院の塔から飛び降りて、墜落して大怪我をしたところから始まった。

その後、ヘリコプター風の物や、すだれが沢山付いている形やらを経て、1903年にライト兄弟がフライヤー号で259ｍを飛ぶんだね。

一たび浮き上がった飛行機は今度はすごい勢いで進歩し続けて、今はジャンボ・ジェットのように理想的な形で、時速900㎞で飛べるようになりました。

飛行機だけでなく、テレビ、車、コンピューター……人間が発明し、創造してきたものにはみな飛行機と同じように見えない設計図があって、それに近づいていくことで作られていったんです。

T. 「見えない設計図」は人間が作ったものだけの中にあるのではないんだね。

この花見て下さい。これ何の花かわかる？

カンナの花だね。このカンナの花の球根はこれです。まるでショウガか何かみたい。この球根からこの美しい花が咲くなんてちょっと不思議ですね。

この球根の中にカンナの花の設計図がもうあったということです。

T. こちらを見て下さい。

サンショウウオ、ニワトリ、ブタ、人間のそれぞれの受精卵です。最初はみな同じように見えますよね。ところが細胞分裂していくうちに少しずつ形がはっきりしてきて、やがてそれぞれ全く違う形になっていく。

もう受精卵の中にそれぞれ、サンショウウオや人間になっていく設計図があったということですね。

T. 「見えない設計図」は実はぼくたち人間一人一人の中にもあるんです。

この人を見て下さい。（リンカーンの顔写真のコピー）

誰だろう。アメリカの第16代大統領です。

C. ワシントン？

C. ケネディ！

C. リンカーン！

T. リンカーンです。

リンカーン大統領と言えば、人間の自由についてある有名なことを行ったよね。アメリカの黒人問題のところで出て来たけど、覚えている？

C. えーと、奴隷解放かな？

T. そう、１８６３年に奴隷解放宣言というのを出して、黒人を自由の身にします。

でもリンカーンの人生をたどってみるとね、お父さんは開拓農民でケンタッキー州の丸太小屋に生まれて、お母さんは字も読めませんでした。

若い時から苦労してね、木の柵作りとか郵便局とかミシシッピ州を下る船の船員とか様々な仕事をしたあと、政治の仕事に飛び込みます。

でもやはり挫折続きだったんですね。

ところが下院議員の選挙で負けた相手が大統領選挙に出ることになって、リンカーンのいる共和党には有力な対抗馬がいない。じゃあリンカーンがこの前の選挙で善戦したから、勝つはずはないけど、立候補させようということになって、何と勝って大統領になってしまうんです。そして黒人に対して奴隷解放宣言を出す。

調べてみるとリンカーンは船員をしている時に港町であるニューオーリンズまで行っています。そこでアフリカから連れて来られた奴隷たちを売買する市場に行って、その様子に心を痛めます。

例えば、母娘が一緒にここまで連れて来られても、この市場で別々に売られて引き裂かれていきます。娘の方は当然「お母さーん！」と泣き叫ぶ。多くの白人には、それは「吠えてる」としか思えなかったんだね。

ところがリンカーンは泣き悲しんでいると感じたわけです。

そして「何とかしたい」と思った。

他の多くの人が同じものを見ても何とも思わなかったのに、リンカーンだけが「奴隷解放して、誰もが平等な社会を作りたい」と思ったんです。

それはリンカーンの心の奥にあった「設計図」としか思いようがない。
T．考えてみると、近代看護制度を作ったナイチンゲールも坂本龍馬や吉田松陰、あるいは赤十字を作ったアンリ・デュナンにしろシュバイツァーやミケランジェロに至るまで、みんな自分の中に眠る設計図を探し出していった人たちです。
そしてその設計図を探し出して開いていくことが出来た時、それはぼくら人間にとって例えようのない喜びであり、「自分はこのために生まれてきたんだ」と心の底から思える至福の時なんですね。
T．誰の中にも「設計図」があるということを、恥ずかしいのですが、僕自身のことを例にしてお話ししましょう。

僕の父親は宝石商でした。

僕は一人っ子だったので、その跡継ぎとなることは当然のように決められていました。

父は戦争中にシベリアで2年間、過酷な収容所生活を送った人だったので、人間と世界に対して強い不信感を持っていました。とても怒りっぽく、怖い人で、僕も小さいころ冬に裸で外に出されたこともあります。楽しく遊んでもらった記憶もあまりない。

母は僕のすぐ上の姉を赤ん坊のころに亡くして、二人も死なすわけにはいかないと、僕に対しては超・過保護でした。ちょっとくしゃみをしても「大丈夫、風邪ひいた？」と心配していました。

父はとても怖い人、母は溺愛で、どちらも僕の本当の心を受け容れて愛してくれるという感じではなく、2人の間でバランスをとるのが大変でした。

この父母の仲も冷え切っていました。

父は戦争から帰って来て、一人で宝石商を始めて成功し、銀座に店を出すまでになりました。そんな中で、夜な夜な遊びに行って、女の人が外にできて、朝まで帰ってこないわけですよ。母はすごく怒ります。でも、子供である僕の前では、仲良いところを見せるわけです。

きっと子供のためと思ってだろうけど、子供ってわかっちゃうじゃない。

僕は子供心に人間はやっていることと、思っていることが違うんだ、人間には表と裏があるんだという気持ちを強めることになりました。

勉強はしました。一人っ子で一人で本を読むことが多かったから、勉強も嫌いではなくなっていたんだね。しかも、いい成績をとると両親は喜んで仲良くなる。勉強の面白さも味わっただろうけど、多くは両親に仲良くなってもらうために勉強したんです。

みんなの中にも一人っ子がいると思うんだけれど、一人っ子って、そう思うところあるよね。だから、「設計図」が分かって勉強していたのとはちょっと違う。


中学受験で入学して、それなりに勉強したけど、高校に入ると各地から優秀な生徒が集まってきますからね、自分は全然大したことない。

父親は一人で成功していく原動力が「オレは人とは違う」という思いのエネルギーでした。そういう思いって、子供も心に吸い込んで同じになるからね、僕も人と違うことをしなくちゃ、人より上に立たなくちゃとずっと思っていました。

だから自分は大したことのない人間だと認めるのは辛いからね、「自分は本当はすごいんだけど、勉強なんか下らないからしないのさ、ふん」とか、自分で誤魔化すんですね。

高2の時からどんどん成績も落ちてね、担任の先生がつけてくれたあだ名が「スーパーマン」でした、かっこいいでしょ?

でも実際は、学校に1〜2時間目に遅刻していって、3〜4時間目は授業に出るけど、昼休みに学校近くの友達の家に行ってお酒飲むわけですよ。酔っぱらって、午後の授業は寝てる。

「いたと思ったら、もういない」ということでついたあだ名が「スーパーマン」だったわけです。

特に数学の先生と折り合いが悪くてね、ある定期試験で「これ学年最低」と言われて返されたテストが4点。勉強していない自分が悪いのに、ひどい言い方だって開き直ってね、それ以降、数学の授業はわざと横向いて一切話も聴かなくて、でもお陰で大学の必修科目の統計学が全く分からなくてひどい目にあいました。自業自得です。

人とは違うことしないと認めてもらえないと思って、授業さぼって新宿のジャズ喫茶に入り浸っていたり、原宿に遊びに行ってタバコ吸ったり、まあプチ非行です。そういうのが格好いいと思っていたんです。

それでもエスカレーターだったから、大学に行けたんです。大学行っても、やっぱりほとんど勉強せずに遊んでばかりでした。

麻雀とお酒ね。浴びるように飲んでいました。

当時、人間て死んだらどうなるんだろうと考えていました。

親に聴くと「それは寝るようなもので、そのまま目を覚まさないのと同じ」と言う。

今、自分という存在がこの世界を見て、感じて、考えているのに、その自分というのがなくなるのがとても怖くてね、でも人間は何のために生きているのか、死んだらどうなるのか、誰も納得の行く答えを教えてくれない。

その、生きている意味が分からないという心の荒みが相当ありました。心にぽっかりと穴が空いていたんですね、それを埋めるためのお酒だったと思うんです、麻酔薬です。とことんまで行ってやろうという投げやりな感じでしたね。

友達と夜中の12時に盛り場に集合して飲んで、遊んで、朝に家に帰っていました。他にもいろいろといたずらはするしね、今思い返しても自分勝手な、相当嫌な奴だったと思います。

何のために勉強するのかが分からないからね、全然しませんでした。もっとやっておけば良かったなと思います。もっと勉強していれば、もっと多くの人を助けることができたかもしれない。

宝石の鑑別士になるための学校が世界で唯一、アメリカのロサンゼルスにあって、そこに1年半留学しました。父親が行けというからじゃあ行こうかという感じです。鑑別士の免許取れなかったというわけにはいかないので、かなり勉強はしました。

当時のアメリカでは、ヒッピー文化といって、若者たちが人間の本当の幸せとは何だろうと考えていました。物質的に豊かだから幸せだということではないのではないかとね。「幸せ」というのは、本人が「幸せ」と思ったら、もう「幸せ」なんですよね。

だから若者たちは、人とのつながりを大切にして山の中のコミューンで共同生活をしたり、禅や仏教など精神的なものを求めていたりする時代でした。僕も大きな影響を受けました。

そして日本に帰って来て、まずは父の紹介で宝石の卸会社に勤めました。これが嫌で嫌でね。宝石商ってただお金を儲けるためだけのものにしか思えなかったんですね、今考えると、努力もしないで考えも生意気だったと思います。

でも、どこかに自分が本当にやらなければならないことがあるのではないかって思ってね、「設計図」を探していたのかもしれない。それで1年でその会社を辞めて、父に宝石商にはならない、自分のやらなければならないことを探すと伝えました。

ちょうどその頃、この人となら結婚してもいいなあと思っていた女性がいました。精神世界のことか話してもとても波長の合う人だったんだけど、その人が僕の仕事に対するいい加減な姿勢を見て、離れていったんです。

ぼくはショックで1週間寝込みました。

そしたら不思議な体験をしてね、ベッドの横に窓があって、白いカーテンがかかっていて、そこに映像が映るんです。

それも本当にあった場面ばかり、例えば彼女と焼き鳥屋でお酒飲んでいたら、彼女が「ねえ、○△というアメリカの詩人知ってる?」と聞くんです。

僕は知らないんだよね。でも「知らない」と言うと、馬鹿にされて嫌われるんじゃないかと恐れて、「ああ、知ってるよ」と言うんです。

そういう、自分が嫌われたくなくて嘘を言ったり、自分だけを守ろうとするシーンばかり、夜も寝れずに1週間。あまりの自分のひどさに泣きました。

一体誰が見させているのだろうという感じです。

1週間全く寝ずに映像を見続けて、その様子を心配した母親が呼んだ医者に鎮痛剤を打たれて、寝ました。

眠りから覚めた時に、パッと思いました。

「ああ、僕は病気だったな」

自分が嫌われずに、人に認めてもらうにはどうしたらいいかしか考えない病気だった。と同時に思いました。

「よく考えたら、周りの多くの人も、僕と同じ病気じゃないか」

次の瞬間ひらめきました。

「そうだ、精神科の医者になろう。医者になって、自分と同じ病気の人を助けよう」

でも待てよ、医者になるには、今から勉強して医学部に入って、インターンもやって6年、その時25歳でしたから、どんなに早くても30歳は軽くすぎる。それでは遅すぎる。もう一度考えよう。

それで家を出て、横須賀の古い木造のアパートを借りて、自分は本当に何をしたいのか一から考えようとしました。

もう家もない、仕事もない、彼女もいなくなった、お金も少しばかりしかない、何もない状態でした。

食べ物は玄米正食、ヨガをやって、毎日ジョギングをして、心と身体をクリーンにして、ひたすら考え、自分の「設計図」を探しました。

本当に自分はこの人生で何をすべきなのか、もし自分がこの世界に生まれてきた意味があるのなら、目的と使命があるのなら、どうか教えてほしいと毎日心から祈っているような感じでした。

それを3か月続けたある日、突然答えが出てきたんです。

こんな30〜40センチぐらいの看板みたいなものが天井から降りてくる感じで、もちろん本当の看板じゃないよ、イメージとしてね、その看板に「教育」と書いてあったんです。

それを見た途端に分かりました。

これだ、間違いない、これが自分の生まれてきた目的だ、あった、あった、自分にもあった……

泣きに泣きました。

それは、その後の人生のどんな歓びと比較してもなかったくらい最大の歓びでした。いま思い出しても涙が出ます。

設計図が開くときって、そんな感じなんだね。

自分でわかるんです。間違いない、これが自分の設計図だって。

だって、教師になろうなんて、生まれてから25年間一度も、1ミリも考えたことなかったんだよ、それがその瞬間分かるんです。これが自分の人生の使命というべきものであり、生まれてきた目的だってことが。


そこからはもう迷いませんでした。

でも教師になるための教職の単位など、大学で取っていないからね、一年間勉強して、まず大学院に入って、教職の単位をとって、だから教員になったのは僕は28歳の時なんです。

でも、それでゴールではないよね、そこからが大変でした。

最初に勤務したのは東京A区の中学校で、そこはツッパリ君を主題とした『ブリキの勲章』という映画ができるぐらい、荒れた学校だったんです。

新任でいきなり3年生の担任になりました。ふつうは新任にはさせないよね、つまり他になり手がいなかった、どの先生も嫌がるぐらい荒れていた学年でした。

当時28校あったA区全中学校の総番長がいて、この生徒はその筋からお呼びがかかるくらい凄みがあって、怖かった。

学年5クラスだったけど、他に副番長クラスが学年で20人くらい、ひと声かければ集まる連中が全部で50人ぐらいいたんじゃないかなあ。

そんな中で授業するんですが、いくら「一人ひとりの中に大切な『設計図』があることを伝えたい」なんて願っていてもね、まだ若い先生の言うことなんか聴かないわけです。僕は僕で、なんで話をちゃんと聴かないんだといつも怒ってばかりだったから、生徒たちも面白くないよね。

僕のクラスに副番長が3人いてね、一人はN。人懐こいけど、切れると大変でね、一度パイプ椅子でやりあったこともありました。

もう一人、Sとは仲良かったんだけど、勉強が嫌いで、授業中みると両肩が上下に動いている。何しているんだろうと見ると、机の下でエキスパンダーみたいなものを握って、腕力つけているんです。授業中鍛えている。

彼とも一度ケンカになって、ネクタイで首絞められたこともありました。

最後にE。

彼とはうまくいかなくてね、ツッパリ君のしるしである大きなマスクを夏でもしていて、授業中身じろぎもせずに、じーっとこちらを見ているんです。態度も悪くてね。

僕は「何やってるんだ、ちゃんとやれ」しか言えなくてね、よく学校をさぼるようになりました。

彼が欠席したある日、卒業生の先輩がバイクの後ろに彼を乗せてやって来て、校門のところで「藤原って先公出せー！」と叫んでいたらしい。

もう怖くて仕方ないけど、出ていきました。

そうしたら先輩が「てめえが藤原か、この野郎！」と怒鳴るんです。「はい、藤原です」「てめえ、Eをかわいがってくれているっていうじゃねえか、この野郎！」と巻き舌でね、もう僕は怖くてちびりそうでした。

その時は事なきを得たんだけど、そのままEは卒業していきました。僕は本当にはEのことは分かってあげられなかったという心残りがありました。


卒業して10年ぐらいたって、Sから連絡が来ました。結婚するから披露宴に来てくれって言ってくれたんです。

行ってお祝いしてあげたいと思ったけれど、Eも必ず来る。Eには負い目があって、会いたくないなと思いました。でも会える最後のチャンスかもしれない、その負い目を作ったことをこそ謝ろうと考え直していきました。

やはり、Eは会場の向こうの方に元総番長たちと座っていました。

一瞬、ためらったけど、今日言うべきことを言わなかったら一生チャンスはない。勇気を振り絞って彼のところへ行きました。

「E、久しぶり、元気だった？」と声を掛けたら

「元気です」と答えるんです。「てめえ、何しに来た？」なんて言わない。

いま何しているのと聞くと、ガソリンスタンドで働いていると答える。ちゃんと頑張って

いるんだなと思いました。

そして思い切って言いました。

「先生さ、教師になったばかりで、あーしろ、こーしろばかり言ってさ、Eには嫌な思い

させたと思っている、悪かった」

何を罵られてもいいと覚悟していましたが、Eは

「そんなことないっすよ」

と言うんです。僕はもうがくがくと崩れ落ちそうでした。

そして思いました。

どんなに大変そうな生徒でも、10年たてば成長している。

自分は10年後に本当の友人になっていたいと思いながら、この生徒と出会っているのかと

問いかけながら、生徒と出会うことを忘れないようにしよう。

5年たって、その中学校がだいぶ落ち着いてきたところで、今度は東京西部のF市の中学

校に異動になりました。

テレビ朝日の「やらせリンチ事件」というので有名になった学校でね、女子生徒が多摩川の河原でリンチ事件に巻き込まれて、それをテレビ朝日がもう一度「やらせ」て、その映像が全国に流れたという事件だったんです。

僕が行ってからも、帰りの学活に行った担任がいきなりクラスの生徒に殴られて救急車で運ばれたり、僕も授業をさぼっている3年生を廊下で注意したら職員室で座っている僕に向かって真っすぐに突っ込んでこられたり、いろいろ大変な思いをしました。

A区では、番長にさえ話が通ればやりやすくなるけど、F市のこの中学校は全体に崩れているという感じでした。

僕は父親の感じ方を心に吸い込んでいて「自分は人とは違う、立派な人間にならなくては」と思いやすいタイプですからね、「自分がこの学校を立て直すんだ」という気持ちで頑張ったんですが、独りよがりが多くて、とうとう5年後に身体を壊して退職しました。

退職してからは、NPO法人を設立して、これは後で話すけれども仲間と一緒にスクール作ったり、講師をしたりして2011年に専任として中学教員に戻ったというわけです。

講師をしている時にこんな体験をしました。

その時勤務していた学校は家から近くて自転車で通勤していたのだけれど、ある日授業が終わって自転車で帰っていたと思ってください。

僕の前を小さい子供を乗せたお母さんが自転車で走っていました。ふと、子供の片方の靴が脱げて落ちてしまいました。お母さんは自転車を止めて拾おうとするのだけれど両手でハンドルを握って子供の乗った自転車を支えていますからね、靴を取ることができない。

そこで、後ろから走ってきた僕が自転車を止めて、靴を拾ってあげて、お礼を言われて、また走り始めた。

それだけのことなんです。誰でもするでしょう、困っているお母さんが目の前にいるんだから。

ところが、再び自転車で走り始めたら、泣けて泣けて仕方ないんです。胸の奥から、こみ上げてくる。

それは言葉にすると「ようやく戻れた、ようやくここまで戻れた」なんです。

人間て元々は何の損得も考えず、人が困っていたら助けたいと思うでしょ。それが一番すっきりする生き方だし、赤ちゃんだってそうで、誰に対しても笑顔だし。

ところが、成長するに従って親や兄弟との関係とか、学校や社会で身に付けてしまう利害とか損得とか、人にどう思われるかの評価が先に立って、本当の人間らしい優しさを忘れてしまう。

それを何十年間もしていて、今ようやく元の人間らしさに戻れたという涙だったんです。

いま、僕がしたいことがあります。

さっき、スクールを作ったと言ったけど、その発展形としての学校を作りたい。

それは、一人ひとりがもともと持っている「設計図」をどうしたら開いていくことができるかを考え、体験する学校なんです。素晴らしいことが起きると思う。

みんなが大きくなったら、ぜひみんなに助けてもらいたい。

T．最後になりました。
この2年間ずっと皆と勉強して一番伝えたかったのは、一言で言うと、今日のことなんです。

みんなの中には「設計図」がある。


自分はダメな人間だからとか、成績が悪いからとか、人とうまく付き合えない自分だからとか、そんなことで自分を決めつけてはいけない。

どんな人の中にも、その人だけが持っている「魂の設計図」が必ずある。

だって、あの自分のことしか考えない生き方しか知らなかった僕の中にあったんですよ。

みんなだったら絶対ある。ないはずがない。

必ず、みんなの中の「設計図」が花開く時が来る。

そしてその「設計図」は世界の問題の解決や、多くの苦しんでいる人、悲しんでいる人を救い、助けるために使われる。

途中で諦めたらだめだよ、大人の多くは諦めちゃった人たちです。もしかしたら人生の一番苦しい時に開くかもしれない。諦めなければ、必ず設計図は開いていく。人間て、そうなっているんです。人間をそうしてくれたんです。人生て、捨てたもんじゃない。


時間が来ました。

みんなと授業ができて本当に幸せでした。嫌なことがあっても、みんなと授業していると元気になりました。心から感謝しています。本当にありがとう。

まだまだ、みんなに伝えたいこと、教えたいことがあるんです。2年や3年では短すぎた。もし、来世があるのなら、来世この続きをしましょう。

では、終わります。

――起立、気を付け、礼！「ありがとうございました」――

第六章

生徒からの手紙

すべての社会科授業が終わったあと、３年生に「先生への手紙」という形で、これまでの授業の感想文を書いてもらいました。いくつかを紹介します。

「先生が、この学年の社会を教えることになったのは2年の時でしたね。

僕は昔から社会がとても好きで、小五の頃からパソコンを立ち上げてはWikipediaで、『今日の出来事』という、昔のその日に起きた出来事・歴史を調べるような人でした。だから人より雑学的な知識があり、それでテストの点も取れていたので満足していました。しかし、先生の授業は、そんな僕の持っていた『社会』という教科のイメージとは全く違うものでした。

それは、その出来事、出来事に遭遇した人々の『心』まで伝えるからです。ただ暗記するだけの勉強とは違い、人間とはどういう生き方をするべきかを教えられたと思います。そして、より深い『社会』という科目の面白さを教えられました。

話は変わりますが、僕は中学に入ってから、先生は怖いですし、友達付き合いもなんかうわべだけだったり、疎遠になる人もいたり、中学独特の周りの人の性格の変わりように、僕は『人間はこんなもんだ』と見切っていました。

そんな中で、先生はどんな人にも優しく声をかけ、『願うこと』の大切さについていつも教えていて、まるで童話に出てくるような人だったので、僕は感動しました。というか尊敬です。

ぼくもどんなに大変なことがあろうと、先生のように和をもって他人と接したいと思います。

2年間ありがとうございました」

（3年　G・Y　男）

「今まで歴史から経済にわたって2年間ありがとうございました。

先生の歴史の授業も、経済の授業も分かりやすくて、ノートも見やすかったです。

先生が授業の前にする話、大好きでした。

世界にはたくさんの問題があって、それは、もちろん日本にも、私たちにも関係あることだと、先生の授業で感じました。

ヨーロッパに逃げる難民の方々のことや、その人たちをどう助けるかも、とても遠い所だけど、日本にも関係あることだと思いました。

人が困っているということ、それで死んでしまう人がいるということに無関心にならないようにしたいです。

私には夢があります。

それは看護師になることです。

私の母は看護師です。しかし私は、母が看護師だからなろうと思ったわけではありません。

人を助けることをしたい、と先生の授業をうけて思ったからです。

困っている人がいるのに、無関心になりたくない。この思いが私の中心にあると、この2年間で学びました。

夢は変わるかもしれないけど、困っている人がいるのに、無関心になりたくないという、私の中心にあるものをかなえたいと思います。

先生の最後の授業はとても心にしみました。私たちにも先生の気持ち、伝わったと思います。これまで、知識や心の中まで成長させてくれた先生にとても感謝しています」

（3年　Y・K　女）


「先生、今まで本当にお世話になりました。ありがとうございました！

特に先生は、2年生から社会と道徳の授業も色々と教えてくださいました。

私は先生の授業が大好きでした。眠くなる時もありましたが、それ以上にすごく楽しかったです。

分かりやすいプリントもたくさん作ってくださいました。教科書の内容をさらに超えて、たくさんの知識を教えてもらえた気がします。

道徳の授業でも、心に残るものがたくさんありました。

世界の人々の生き方を見て、じゃあ私はどう考えるのか、何をこれからどうするのかなど、自分を振り返ることをたくさんしてきました。

私は自分のことになると、少しネガティヴというか、「どうせ」という言葉が出てきてしまいます。周りの人と比べて、自分は何の取り柄もない人間だと思ってしまったりも……。

ですが、先生の授業を受けているうちに、だんだんそんなことを考えたらだめだと思い始めるようになってきました。相手と自分を比べるのではなくて、自分にしかやれないことを探す方が大切なんだと。自分に自信がわいてきました。

道徳でいろんな人たちの話を聴いて、感想もたくさん書いてきました。

私は以前までは、そういうものは面倒だとか、思い浮かばないとか思っていましたが、今は違います。自分の考えを持って、それを文に表して、誰かに伝えるということがいかに大事なことか分かったからです。

その経験はこれから先の未来で必ず役に立つと思っています。

そして、もっともっと、自分の国のこと、世界のことを知っていきたいと強く思います。どんな行動を起こすにも、まずは知らないといけないからです。

先生の授業が私は本当に大好きです。

前の授業で、先生は『来世で会いましょう』と言っていましたが、本当に泣きそうになりました。今まで本当にありがとうございました」


（3年　O・A　女）


「これが、先生の授業の最後の感想シートだと思うと、ずっと永遠に書き続けていたいです。先生にはお礼を言わなければならないことがあります。そのうちの一つはこの間の授業です。

私は、あの授業で将来の夢がほぼ確定しました。先生と同じ教師になりたいです。

それまでは、声のお仕事に就きたいとか、天文の道へ進みたいとか、いろいろ揺らいでいました。しかもそれが、教師になることを考えて選んだ高校への合格が決まったときのことで、そのうえ周りから『何でその高校にしたの？』とたくさん聴かれて、自分でも分からなくなってしまい、とても辛かったです。

だけど、先生の授業を受けて、私も先生のような、人の心を動かせる授業がしたいと強く思いました。

あの授業では、自分でも訳が分からないほどボロボロと涙を流していました。

感動したというのとは少し違う、文字通り心を強く打たれたような感覚がしたのです。

先生の『たぶん心に穴が空いていたんだと思う』という言葉が、特に印象に残っています。

私は、実際にそのような体験をしたことはあまりありません。だけど、すごく共感というか、その感覚が分かりました。ひとが感じる辛さというのは、自分も体験しないと分からないと思っていたけど、心に語りかけられるように分かりました。

私にはまだ人様に語れるような人生談がないけれど、いつか先生のように、誰かの心を揺らすことのできる教師になりたいです。

授業の中に何回も出てきた『設計図』というものですが、私には自分の持つ『設計図』が分かりません。もしかしたら、演劇の道へ進んだ方が成功するものなのかもしれないし、教師の道はあまり向いていないかもしれません。だけど私はそれでも、この道を進んでいこうと思います。

道の途中で、もしかしたら折れそうになってしまうかもしれません。その時は、この授業で決めた決心を思い出そうと思います。
そして来世、もう一度生徒として先生の授業を受けられることを楽しみにして、これからの人生を悔いのないように生きていこうと思います。ありがとうございました」

（3年　T・C　女）

おわりに

3年生を卒業させて他校に異動した私が4月末の離任式に戻ったときに、ある生徒が言付かった一通の手紙を渡してくれました。

その手紙の主、Tさんは卒業したばかりの女子で、中学3年の時は、知的な雰囲気があるのに、勉強はできず、ほとんどしゃべらず、いつも悲しそうな表情をしていました。

学年の先生方もどうしようもないと思っていました。

私もいつも気になっていましたが、声をかけても、ただ立ちすくむだけで、返事が返ってくるわけではありませんでした。今考えてみると、人にどう自分の気持ちを語ったらよいか分からず、固まってしまっていたのだと思います。

その彼女は最後の授業のあと、感想用紙をもらいに私のところへやって来ました。一言二言ねぎらいの言葉をかけると、彼女は誰も話し相手がいなかった辛さを語り、泣き始め、止まらなくなりました。

私は呆然とし、今まで彼女はいったいどれほどの苦しみを抱えてきたのだろうか、それを私たちは誰も受け止めてあげなかったのだと思わざるを得ませんでした。

その手紙はとても丁寧な字で書かれていました。

「先生お久しぶりです。

この時間は高校で選択講座が入ってしまったため、離任式には行けず、すみませんでした。

この手紙を書く少し前まで母と、学校を休んでR中に行きたいとケンカしていました。学校を休んではいけないと分かっていましたが、どうしても離任式に行って、先生と直接お話ししたかったです。しかし、学校に行くことになったため、せめてと思い、手紙を書くことにしました。

私はいま、都立高校3部の1年生として高校生活を送っています。

R中にいた頃とは生活も時間も全く違う環境で、合わせるために生活リズムが少し崩れて、昼夜逆転気味です。

今年から科目に追加されるようになった社会『江戸から東京』があります。

ですが、先生の授業になれてしまい、昔はあんなに楽しみだった社会の授業が今では退屈に感じます。先生の授業は本当に分かりやすく、面白く、楽しかったと改めて思います。

初めて先生のテストを受けて、返してもらったとき、『ここを重点的にやればもっと点数取れたね。次は頑張って！』と言ってくれたことを覚えていますか？

『頑張って』の一言が私にはとても嬉しかったです。

先生は私にテストの内容を細かく解説してくださいました。それも嬉しくて、次は頑張ろうと思いました。

しかし、次のテストは点数が低く、ダメだったと思っていましたが、先生は『やったね！　前より少し上がったじゃん！　この調子だよ』と言ってくれました。

点数が低ければ呆れられるだろうと思っていたのに、先生は違いました。その言葉に助けられ、頑張っていこうと思っていました。ですが、それからはなかなか点数が取れず、すみませんでした。

先生の最後の授業は、泣くのを我慢していたので、その後、紙をもらいに行ったときは、感想を言っているうちに泣いてしまいましたね。途中から私に話を聴いて下さり、ありがとうございました。

本当の話をできる友達も、家族もいなく、先生に話せて、心が少し軽くなりました。

今でも、先生とのR中での出来事を思い出すと涙が止まりません。

学校も変わり、忙しいかもしれませんが、落ち着いたら連絡ください。いつか休日にお話ししたいです」

その後、このTさんに何回か手紙を書きましたが、返事は一度も来ません。

私は確かに「光」を見せてもらいました。

その「光」は生徒の中から溢れてきました。

「光」が溢れてくる、その瞬間に立ち会わせてもらうことは、どれほどの歓びだったでしょうか。

教育の営みとは、いかに神秘的で、思わず頭を垂れざるを得ないほどの厳かな響きに満ちたものだったでしょうか。

生徒たちはもともと「光」を分有し、信じて関わり続ければ、それは必ず外に現れてきます。

それこそが世界が待ち望んでいるものでした。

この本は、それを体験させて頂いた歓びの記録でもあります。


先述したように、教育が、人生をかけても惜しくないほどの聖なる歓びに満ちた仕事であることを教えて頂いたのは、高橋佳子氏によってでした。

教えて頂いた「人間は永遠の生命を抱く魂の存在であり、その魂が持つ願いを果たすために生まれてきた一人ひとりである」という人間観を中心に置いて、未熟ながら歩んできた果てに、ここまで来ることができました。

だが、その歩みはあまりにも遅々としていました。

「教育」という営みの驚くほどの深みをたどるのに、私では、一生では足りませんでした。

その「光」を取り出すことが出来ずに、Tさんをはじめ、多くの生徒たちを放置したまま送り出してしまいました。もう一生欲しかったとすら思います。

しかし、その遅々たる歩みにも関わらず、この本をお読みくださった方々が何か新しい発見や気づきを得られたとしたら、それは高橋佳子氏との出会いがあったからこそのことであると受けとめて頂ければ、何より幸いに思います。

[注]

序章

（1）「近世の飢饉と青森の民衆」（青森県庁ウェブサイト　2019年）
（2）『世界がもし100人の村だったら3』（フジテレビ　2005．5．14放映　DVDポニーキャニオン）
なおクラスにフィリピン国籍の生徒がいるときには、配慮して同番組の他のものを見せることもありました。「スーダンの少年兵」「ボリビアの炭鉱で働く少年」など。子どもたちが主人公のものが良いです。
（3）世界保健機関WHOによると、アメリカの成人肥満率は33・1%。
（4）『チャレンジ！』高橋佳子（三宝出版　1996年）
（5）『東京に原発を！』広瀬隆（集英社文庫　1986年）
（6）『NNNドキュメント11　セシウムと子どもたち』（日本テレビ　2011．11．20放映）
（7）2019年6月末現在で日本の借金総額は1105兆4353億円と発表された。
（8）2012年8月に行われた青少年対象の講演で高橋佳子氏が話された内容を骨子としました。
（9）OECD Stat, Environment and Climate
（10）『だいじょうぶ日本』ケン・ジョセフ（NTT出版　1991年）
（11）2019年度の「国民幸福度」は、日本は156か国中58位、2015年度は46位でした。
国連「世界幸福度報告書2019」
（12）2018年度日本の自殺者数は20，840人。1990年からずっと上がり続けていた自殺者数は2010年以降は減少しているものの、その中で15歳から24歳までの若年層は逆に増加しています。WHOによると、人口10万人あたりの自殺者数は日本は18・5人で、G7先進国の中では最悪です。
（13）「最初は誰もが『もらう幸せ』から出発し、それから『できる幸せ』を追及するようになる。しかし、それにとどまらず、他の人や場に尽くし、支えることを歓びとする『あげる幸せ』を求めるようになるのです。」『魂主義という生き方』高橋佳子（三宝出版　2014年）

第一章

（1）『ジョン・レノンを抱きしめて』（ミュージック・マガジン社　1981年）

（2）各国の高校生に「自分は価値のある人間だと思うか」と質問したのに対して、「全くそうだ」と答えた比率は、アメリカ57・2％、中国42・2％、韓国20・2％だったのに対して、日本はわずか7・5％でした。「高校生の心と体の健康に関する調査―日本・アメリカ・中国・韓国の比較―」（日本青少年研究所　2010年）

（3）『知ってるつもり?! オノ・ヨーコ』（日本テレビ　2001．11．25放映）

（4）『知ってるつもり?! ジョン・レノン』（日本テレビ　1990．12．9放映）

（5）監督アンドリュー・ノルト　1988

（6）『NNNニュースプラス1』（日本テレビ　2003．3放映）

（7）『ニュースステーション』（テレビ朝日　2003．6放映）

（8）『ニュース23』（TBS　2003．6放映）

（9）『NNNドキュメント03　戦場特派員〜60歳が見たイラク戦争〜』（日本テレビ　2003．7．6放映）

（10）『NNNドキュメント04　妻が見た戦場特派員・橋田信介という生き方』（日本テレビ　2004．6．13放映）

（11）『報道ステーション　橋田さん最後の取材』（テレビ朝日　2004．6．14放映）

（12）『同時代とは何か』加藤周一（かもがわ出版　1996年）

（13）『NNNドキュメント12　戦場に咲いた小さな花・山本美香という生き方』（日本テレビ　2012．10．14放映）

（14）『それでもジャーナリストは戦場に立つ』（NHK　2013．8．16放映）

（15）『だいじょうぶ日本』ケン・ジョセフ（NTT出版　1991年）

（16）『アメリカ黒人解放史』猿谷要（サイマル出版会　1981年・二玄社　2009年）

（17）『The Best of LIFE』写真集（タイムライフブックス　1973年）

第二章

（1）『グラウンド・ゼロからの出発』鶴見俊輔　ダグラス・ラミス（光文社　2002年）

（2）監督リチャード・アッテンボロー、主演ベン・キングズレー（1982年）

（3）『知ってるつもり?!ガンジー』（日本テレビ　1991．9．15放映）

（4）『構造的暴力と平和』ヨハン・ガルトゥング（中央大学出版部　1991年）

（5）『知ってるつもり?!杉原千畝』（日本テレビ　1991．7．7放映）

（6）『運命の逆転』高橋佳子（三宝出版　2016年）

（7）『知ってるつもり?!チャップリン』（日本テレビ　1991．11．3放映）

（8）『おはなし日本地理』入江敏夫編（岩崎書店　1977年）

（9）米国俳優ジョニー・デップがユージン・スミスに扮した映画Minamataが2020年公開予定。

（10）『NNNドキュメント88　生きて　そして　うったえて』（日本テレビ　1988放映）

第三章

（1）「教師十年七転八倒」藤原孝弘
月刊『わが子は中学生』連載（あゆみ出版　1992年〜1993年）

（2）『あなたが生まれてきた理由（わけ）』高橋佳子（三宝出版　2005年）

（3）1964年アメリカの教育心理学者ローゼンタールによって実験された心理学的行動の一つに「ピグマリオン効果」というものがあります。他人から期待されることによって、期待された効果が出るという学説ですが、これは後述する「教師が変われば生徒が変わる」を示した一つの例だと思います。

（4）『「私が変わります」宣言』高橋佳子（三宝出版　2002年）

（5）高橋氏は自分の内面を見つめ、心の動きを摑むためのメソッドとして「止観シート」を提示しています。

『自分を知る力—暗示の帽子の謎を解く』（高橋佳子　三宝出版　2019年）
（6）『あなたがそこで生きる理由（わけ）』（高橋佳子　三宝出版　2017年）
（7）『運命の逆転』（高橋佳子　三宝出版　2016年）　なお、トータルライフ人間学に興味を持たれた方は、注に挙げた氏の著作をどれでもまずお読みになると良いと思います。

第四章
（1）2018年度の授業での実践例
（2）若者たちが社会・世界の出来事に関心を持てないのは、政治や制度上の問題と自分たちに降りかかってくる事態とを結びつける力が弱い、つまり社会構造をつかむ力が弱いからだという議論があります。社会科授業を通してその力をつけてあげたいと思います。

第五章
（1）『チャレンジ！　君は未来を開く冒険者』高橋佳子（三宝出版　1996年）

参考文献（注として挙げた以外に全体として以下の文献を参考にさせて頂きました）

『果てなき荒野を越えて・増補版』高橋佳子（三宝出版　2016年）
『一億総自己ベストの時代』高橋佳子（三宝出版　2013年）
『加藤周一　戦後を語る』加藤周一（かもがわ出版　2009年）
『危険な話・チェルノブイリと日本の運命』広瀬隆（八月書館　1987年）
『ガンジー自伝』マハトマ・ガンジー（中央公論新社）
『山本美香が伝えたかったこと』山本美香（ジャパンプレス・山梨日日新聞編）
『自由への大いなる歩み——非暴力で闘った黒人たち』マーティン・ルーサー・キング（岩波書店　2002年）

『道具としての英語・読み方編』（別冊宝島　ＪＩＣＣ出版局　１９８１年）
『悪魔のサイクル—ネオリベラリズム循環』内橋克人（文藝春秋社　２００６年）
『始まっている未来　新しい経済学は可能か』宇沢弘文・内橋克人（岩波書店　２００９年）

藤原孝弘　ふじわら たかひろ

1953年神奈川県横須賀市生まれ。

慶應義塾大学経済学部卒。同大学院社会学研究科教育学修士修了。

元公立中学校社会科教師。音楽評論家。

高校時代からジャズと将棋にのめりこむ。

1976年宝石鑑別士の免許取得のためアメリカ留学。ヒッピー文化、カウンター・カルチャーの影響を受け、精神世界と現実世界の融合について考え始める。

1982年より公立中学校社会科教師となる。

アメリカ同時多発テロ後に行った『イマジン』の授業を収録したNHK番組「世紀を刻んだ歌」が日本賞文部科学大臣賞を受賞。

現在、一般社団法人アイ・アカデミア代表理事。

魂《たましい》が目《め》覚《ざ》める社会《しゃかい》科《か》授業《じゅぎょう》

―― 世界に応える子どもたち ――

2020年10月5日　第1版　第1刷発行

著　者　藤原孝弘
発行者　菊地泰博
発行所　株式会社現代書館
　　　　東京都千代田区飯田橋3-2-5
　　　　〒102-0072
　　　　電話03(3221)1321　FAX 03(3262)5906　振替00120-3-83725
組　版　具羅夢
印刷所　平河工業社（本文）
　　　　東光印刷所（カバー）
製本所　鶴亀製本
装　幀　三宅正志
イラスト　カッピー18

校正協力・高梨恵一
 ISBN978-4-7684-3581-6
定価はカバーに表示してあります。乱丁・落丁本はおとりかえいたします。
http://www.gendaishokan.co.jp/